人力资源管理实务

姚 红 解松强 卢丽霞 著

延吉·延边大学出版社

图书在版编目（CIP）数据

人力资源管理实务 / 姚红, 解松强, 卢丽霞著. -- 延吉: 延边大学出版社, 2023.9
ISBN 978-7-230-04756-2

Ⅰ. ①人… Ⅱ. ①姚… ②解… ③卢… Ⅲ. ①人力资源管理 Ⅳ. ① F241

中国国家版本馆 CIP 数据核字（2023）第 169791 号

人力资源管理实务

著　　者：	姚　红　解松强　卢丽霞
责任编辑：	柳明秀
封面设计：	文合文化
出版发行：	延边大学出版社
社　　址：	吉林省延吉市公园路 977 号　　邮　编：133002
网　　址：	http://www.ydcbs.com　　E-mail：ydcbs@ydcbs.com
电　　话：	0433-2732435　　传　真：0433-2732434
印　　刷：	廊坊市印艺阁数字科技有限公司
开　　本：	787 毫米 ×1092 毫米　　1/16
印　　张：	11.5
字　　数：	200 千字
版　　次：	2023 年 9 月第 1 版
印　　次：	2024 年 1 月第 1 次印刷
书　　号：	ISBN 978-7-230-04756-2

定　　价：58.00 元

前　言

随着信息化和网络化的发展，经济模式不断更新，社会正在进入一个以智力资源的占有配置与知识的生产分配使用为生存手段的经济时代。这个时代与以往的任何时代都不相同，它从传统管理中对人的要素的漠视、轻视中逐渐走出来，将人看作影响组织经营成败中最为关键的因素。在现代企业和社会组织中，人力资源的重要性不言而喻。

在现代市场竞争日益激烈的背景下，企业与企业之间、国家与国家之间的竞争，归根结底是人才的竞争。企业拥有物质资本积累不再是优势，企业竞争的重要因素已由物质资本的占有转为对信息和技术的占有，掌握技术和拥有人才才是真正的优势。谁拥有了人才，谁才能在竞争中占据主导地位。

人力资源是所有资源中最宝贵的资源，人是生产力诸要素中最积极、最活跃的因素，企事业单位的各项生产活动和管理工作都要靠人来完成。不管是什么样的组织，什么样的企业，也不管组织和企业的规模如何，人的因素都起着关键作用。人力资源的开发与利用，不仅关系一个组织和企业的成败，而且会影响国家的综合国力。同时，管理包含两个方面的要素，即管理者与被管理者，而管理者与被管理者都离不开人。从这个层面来说，任何管理归根到底其实都是对人的管理。因此，对于现代企业管理来说，如何充分调动企业员工的积极性、主动性和创造性，发挥人力资源的潜能，已成为管理的核心内容。与此同时，如何进行卓有成效的人力资源管理更是迫在眉睫。

目前，国内企业在人力资源管理方面做了很多的尝试和改进，取得了较大的突破，但是还不能完全满足企业战略发展的需要。另外，大多数国有企业，特别是中小企业还在沿用传统的人事管理系统，很多企业虽然已经认识到人力资源管理的重要性，但只是停留在理论上，具有专业知识和技能的人力资源管理队伍尚未形成。

本书在论述人力资源管理相关理论的基础上，探讨了人力资源管理范畴的生产、开发、配置、使用等诸环节，以及计划、组织、指挥和控制的管理活动。其内容涵盖人力资源概述、职位分析、人力资源招聘与甄选、人力资源培训与开发、绩效管理、薪酬管理等。相信读者在阅读本书之后，在调动人的积极性，提高工作效率，改进工作质量，实现组织目标的理论、方法、工具和技术等方面都能有所收获。

目录

第一章 人力资源与人力资源管理 ·············· 1

第一节 人力资源概述 ·············· 1

第二节 人力资源管理概述 ·············· 7

第三节 人力资源管理的历史演进及发展趋势 ·············· 12

第二章 职位分析 ·············· 19

第一节 职位分析概述 ·············· 19

第二节 职位分析的方法 ·············· 30

第三节 职位说明书的编写 ·············· 36

第三章 人力资源招聘与甄选 ·············· 40

第一节 人力资源招聘概述 ·············· 40

第二节 人力资源招聘的流程与渠道 ·············· 45

第三节 人力资源甄选 ·············· 54

第四节 人力资源的录用与评估 ·············· 65

第四章 人力资源培训与开发 ………………………………… 70

第一节 人力资源培训与开发概述 ……………………… 70
第二节 人力资源培训开发的方法 ……………………… 74
第三节 人力资源培训与开发体系设计 ………………… 80
第四节 培训效果评估与反馈 …………………………… 86

第五章 绩效管理 ……………………………………………… 94

第一节 绩效管理概述 …………………………………… 94
第二节 绩效计划 ………………………………………… 103
第三节 绩效跟进 ………………………………………… 112
第四节 绩效考核 ………………………………………… 117
第五节 绩效反馈 ………………………………………… 127

第六章 薪酬管理 ……………………………………………… 134

第一节 薪酬管理概述 …………………………………… 134
第二节 基本的薪酬体系设计 …………………………… 146
第三节 奖金与福利管理 ………………………………… 155

第七章 人力资源劳动关系管理 ……………………………… 164

第一节 劳动关系的基本理论 …………………………… 164
第二节 劳动关系纠纷与争议处理 ……………………… 168

参考文献 ………………………………………………………… 175

第一章 人力资源与人力资源管理

第一节 人力资源概述

一、人力资源的概念

"人力资源"这一概念最早由约翰·康芒斯于 20 世纪 20 年代在其著作中使用过,但当时他所提到的概念与今天的"人力资源"概念相去甚远。1954 年,美国管理学大师彼得·德鲁克首先界定了接近于今天管理学意义上的"人力资源"概念。从此,人们开始了对该概念的现代管理学意义上的界定。

我们可以这样来界定这个概念:人力资源是指一定范围的人口总体所具有劳动能力的总和,或者说是指能够推动社会和经济发展的具有智力与体力劳动能力的人的总称。具体到一个组织,人力资源可以看作组织所拥有的能达成其组织目标的具有体力与智力劳动能力的人口总和。

从这个界定中,我们可以看出这一概念包括以下五层含义:① 人力资源包括人的体质、智力、知识和技能四个部分;② 人的体质和智力是人力资源的基础性内容,知识和技能可以决定其发展程度;③ 人力资源所具有的劳动能力存在于人体之中,是人力资本的存量,只有在劳动时才能发挥出来;④ 人力资源是一定范围的人口总体,它涵盖工商企业、公共管理部门和农村的人口;⑤ 人力资源的载体是人，其既有自然性也有社会性，既有经济性也有政治性。

二、人力资源的数量与质量

（一）人力资源的数量

对于企业来说，人力资源的数量就是其拥有的员工数量。对于一个国家和地区来说，人力资源的数量可以从现实人力资源数量和潜在人力资源数量两个方面来衡量。一个国家或地区的潜在人力资源包括下列八个部分：① 处于法定劳动年龄之内的社会劳动人口，即"适龄就业人口"，这个标准在我国是男性16岁～60周岁，女性16岁～55周岁；② 尚未达到法定劳动年龄但实际已从事社会劳动的人口，即"未成年就业人口"，如一些原因导致的辍学就业等，这种情况在我国较少；③ 已经超过法定劳动年龄，但仍在从事社会劳动的人口，即"老年就业人口"，这种情况在我国越来越普遍，很多超过退休年龄的人仍然返聘回企业，成为某些企业的重要就业力量；④ 处于法定劳动年龄以内，有能力、有愿望参加社会劳动，但是实际上并未参加社会劳动的人口，也称"求业人口"，这包括各种原因所导致的暂时性"失业"人员；⑤ 处于法定劳动年龄以内的就学人口，我国很多大学生都属于这种情况；⑥ 处于法定劳动年龄以内的家务劳动人口，如通常所说的"全职太太"；⑦ 处于法定劳动年龄之内的现役军人；⑧ 处于法定劳动年龄以内的其他人口，如游手好闲、不愿工作但具备工作能力的人。

其中，①、②、③构成了人力资源的主体，称为"就业人口"；①、②、③、④构成了"现实人力资源"；⑤、⑥、⑦、⑧由于未构成现实社会的劳动力供给，称为"潜在人力资源"。

（二）人力资源的质量

人力资源的质量具体反映在构成人力资源总量的人口的整体素质上。可以分为人力资源总体质量和人力资源个体质量。总体质量是指一个国家或一定地域范围的人力资源所具有的体质、智力、知识、技能和劳动意愿，是对该国或该地区人力资源的体质水平、文化水平、专业技术水平和劳动者劳动积极性的衡量。常用的衡量指标有健康卫生指标、受教育程度指标、劳动者技术等级情况、劳动者态度指标等。人力资源的个体质量主要反映劳动者的个体素质，主要包括劳动者的体能素质、智能素质及一些非智力因素。

1. 人力资源质量的构成

关于人力资源质量的构成目前并没有统一的说法，根据我国学者的研究实践，大多数学者认为人力资源质量由身体素质、文化素质、能力素质和思想素质等几个部分组成。

（1）身体素质

身体素质是形成劳动者劳动能力的基础，是反映一个国家或地区人力资源质量的重要指标。通常来说，身体素质的衡量指标包括体质、营养构成、精神状态、忍耐力、适应环境的能力等。

（2）文化素质

文化素质是衡量劳动者受教育程度以及文化科学知识的修养状况。受教育状况既包括学校教育的情况，也包括非学校教育（如自学）的情况。在学校教育中，学历教育和非学历教育都可以提高人力资源的质量。需要说明的是，文化素质既包括人们的学历等理论知识学习的情况，也包括参加实践的情况。

（3）能力素质

这是指一个人具有从事某些职业劳动所需要的专门技能，它关系劳动者能从事哪些行业的工作。这些技能大多数是通过职业培训或专门训练所获得的，但也有很多是靠自学或在实践中逐渐摸索出来的。需要说明的是，随着社会的发展，社会对人力资源的能力素质要求会不断变化。比如，当社会以劳动密集型行业为主时，可能只会对劳动者的低端劳动技能提出要求；而随着资金密集型和技术密集型行业占据主要地位，大多数低端劳动技能的掌握者都面临提升劳动技能的压力。

（4）思想素质

思想素质主要涉及劳动者的思想意识和道德品质等内容，会对他们从事工作的绩效产生重要影响。比如，一个人对国家和民族持有何种态度、能否与他人处理好各种关系、能否将工作与家庭做好区分等，都会影响他们的工作绩效。

2. 人力资源质量的衡量

通常来说，人力资源的质量没有单位，也难以直接衡量。决定一个国家或地区人力资源质量的要素有很多，通常可以通过教育与培训投入的多少、专业技能结构、社会风尚、经济发展状况与潜力等多方面来衡量。

（1）从教育与培训的投资多少衡量

我们可以从一个国家或地区对教育和培训的投入状况，来衡量该地区的人力资源状况。常见的具体指标有如下两个方面：一是条件投入，如校舍面积、仪器设备、实验基地、教育与管理人员等；二是运行投入，如教育与培训人员的工资水平、管理费用、办公费用、教材费用、设施维护费用、教学费用等。

（2）从人力资源的专业技能结构的状况衡量

通常认为，专业技能的结构合理状况会影响人力资源质量状况。但是，我们不能仅仅衡量人力资源的专业结构状况，还应当看这种结构是否与社会需要相匹配。如果一个社会所需要的人力资源中有大部分与第三产业有关，而该社会中的人力资源专业技能结构中与第三产业相关的占到了大部分，那么两者就相匹配，是合理的；反之，则说明不够合理。

（3）从社会风尚状况来衡量

如果一个社会中的人们以艰苦奋斗、勤俭朴素等优良作风为主要追求的社会风尚，那么整个社会所能集聚的力量无疑是十分庞大的；而如果一个社会中以溜须拍马、腐朽堕落等为主要社会风尚，则很难说该社会中的人力资源质量良好。

（4）从社会经济发展状况与潜力衡量

社会经济发展状况与潜力和人力资源质量状况可以说是相互关联、互为影响的。一方面，社会经济发展状况给人力资源质量的发展提供了条件。比如，随着我国社会经济的快速发展，人们在物质、精神、教育等多方面得到了极大提升；社会经济发展潜力又给人力资源质量的发展提供了方向。今天的人们应该思考学些什么、掌握哪些技能才能适应未来社会的需要。另一方面，人力资源的质量又会影响社会经济发展的状况和潜力。改革开放后我国经济社会的快速发展，尤其是制造业和建筑业的快速发展，正是与我国当时解放了的庞大农村剩余劳动力群体紧密相关的；而当前我国具备的各方面高素质人才，也促进了我国在交通、通信、航天、大数据等行业的飞速发展。

（三）人力资源数量与质量的关系

一个国家或地区的人力资源丰度不仅要用其数量来计量，也要用质量来评价。数量反映了可以推动物质资源的人数，质量反映了可以推动哪种类型、哪种复杂程度和多大数量的物质资源。人力资源的质量可以在较大程度上替代数量，而人力资源的数量较难以替代质量。比如，一个科研人员的工作或许能替代几个普通工人的工作成果，但许多个普通工人在一起也未必能研发出高科技成果。因此，对于一个社会来说，提升人力资源质量更为重要。

三、人力资源的特征

人力资源是社会生产最基本、最重要的基础性资源，与其他资源相比，人力资源具有能动性、社会性、双重性、时效性、持续性等特征。

（一）能动性

这是人力资源区别于其他资源的最根本所在。许多资源尤其是自然资源在被开发的过程中是完全被动的，人力资源则不同，它在被开发过程中具有主观能动性，主要表现在以下几方面：① 人具有目的性和社会意识，可以根据环境来对自身的活动进行选择和调整；② 人是生产活动中的主导性因素，在生产活动中处于主体地位，对其他生产资源起支配作用；③ 人的活动是可以被激励的，可以通过提高人的工作动机和能力来达到提高工作效率的目的。

（二）社会性

自然资源只有自然属性，不会随所处时代、社会的不同而发生变化。比如，古代的黄金和现代的黄金并无多大区别，欧洲的美玉和非洲的美玉也不会有太多不同。但是，人力资源除了拥有自然属性外，还具有社会属性，不同时代、不同社会制度、不同生产关系下的人力资源具有不同的特性。比如，资本主义生产早期的工人由于受到资本家的残酷剥削，其生产能力很难完全发挥出来，而先进社会制度下的工人则能充分发挥生产的主观能动性。

（三）双重性

这是指人既扮演生产者的角色，又扮演消费者的角色，这两种角色都会推动社会的健康发展。人力资源既是社会财富的创造者，又是社会财富的消耗者，而这种消耗又会促进新的创造。但需要说明的是，人们的消费行为具有刚性，不论他的体力、智力有多大差别，其消费行为都是必需的，弹性会小很多。而人们的生产行为则具有较大的弹性，不同年龄、能力、机会下的人们，其生产能力大小不一，也受到环境及其他生产资料的诸多影响。一般认为，对人力资源的投资所带来的收益远大于对其他资源投资所带来的收益。

（四）时效性

人力资源存在于人的生命体中，而人的生命是有周期的，人力资源不能长期蓄而不用，否则会荒废、退化。作为人力资源，人能够从事劳动的自然时间又被限定在其生命周期的中间一段；在不同年龄段，人所能从事劳动的能力也不尽相同。比如，多数国家对海员的年龄限制在16岁以上，很多国家将退休年龄限定在60到65岁之间，都是考虑人力资源的时效性问题。从社会角度看，人力资源的使用也有培养期、成长期、成熟期和老化期；不同年龄组的人口数量及其间的联系，也具有时效性。任何范围的人力资源开发与管理，都需要重视人力资源生命周期的规律性和时效性，使人力资源的形成、开发、分配和使用处于相对平衡的状态。

（五）持续性

普通物质资源的开发通常只有一次、二次或有限次数，形成最终产品后则难以继续开发。但人力资源既可以在开发后使用，也可以在使用中持续开发。所谓"活到老，学到老"，终身学习习惯的养成，更加印证了人力资源开发持续性的特征。

第二节 人力资源管理概述

一、人力资源管理的概念、职能与内容

（一）人力资源管理概念

人力资源管理可分为微观和宏观管理。宏观管理是指对社会整体人力资源进行计划、控制，进而调整和改善社会人力资源状况，使之适应社会生产发展要求，保证社会经济运行和发展，同时实现人的发展的过程。微观管理是在组织内外环境因素的影响下，以特定组织目标为指引，通过计划、招聘、选择和培训，实现组织员工的素质能力与组织发展要求相一致，并在激励、绩效、职业生涯规划、劳动关系管理等职能的行使中，最终实现组织的目标和向员工提供安全健康的环境、优质的生活服务、愉快的人际关系，使员工和组织实现共同发展的过程。

（二）人力资源管理的职能

人力资源管理的基本职能可以概括为五项，即获取、整合、保持和激励、控制与调整、开发。

1. 获取

这是指组织通过一定渠道和方式获取人力资源，包括招聘、考试、选拔与委派等。

2. 整合

整合的目的使被招收的员工了解企业的宗旨与价值观，接受并遵从其指

导，使之内化为员工的价值观，从而建立和加强他们对组织的认同感与责任感。这方面的主要任务是强化员工的认同，增强组织的凝聚力。员工的入职培训和在日常工作中的感受都十分重要。

3. 保持和激励

保持是指保留已经加入组织的员工，并保证他们为了组织目标的实现而努力奋斗。通常可以通过向员工提供与其业绩相匹配的奖酬等来实现，增加其满意度，使其安心并积极工作。

4. 控制与调整

评估员工的素质、考核其绩效，并作出相应的奖惩、升迁、离退和解雇等决策。

5. 开发

对员工实施培训，并提供给他们发展机会，指导他们认清自己的长处与短处，以及今后的发展方向和道路。培训和职业生涯规划等都是非常重要的手段。

上述各职能之间是相辅相成、彼此配合的。

（三）人力资源管理的内容

一般认为，人力资源管理的内容包括人力资源规划、工作分析、员工素质测评、招聘与选拔、培训与开发、职业发展、晋升与调配、绩效考评、保护与激励、工资与福利、工作场所的安全与健康、人力资源信息和诊断系统的管理等主要内容。本书将上述内容简化为职位分析、员工招聘、员工培训与开发、绩效管理、薪酬管理、劳动关系管理等六个方面。

1. 职位分析

职位分析又称为工作分析，是在组织战略目标的引领下，人力资源管理者根据组织结构明确各职务说明书与相应岗位的员工素质要求，并结合工作的要求为员工设计激励性工作的过程。

2. 员工招聘

这是根据人力资源规划或供需计划而开展的招聘与选拔、录用与配置等工作。组织既可以通过内部也可以通过外部招聘到所需的员工，通常包括招聘计划的制订、招聘广告的发布、初选、面试、聘用安置等过程。

3. 员工培训与开发

员工培训与开发既是为了确保员工的能力、素质能与当前的工作相匹配，也是为了让员工更好地适应组织未来发展的需要。培训重在提升员工目前的工作技能，而开发则是对员工未来的工作技能以及员工职业潜能进行开发。这些工作既是为了组织的发展，也是为了员工个人的发展。

4. 绩效管理

员工工作效果到底怎么样，这需要通过绩效考核工作才能实现。但绩效考核只是绩效管理的一个方面。组织应当通过绩效管理工作来衡量员工的工作绩效，并让他们知晓结果，以激励他们继续恰当的行为并改正不恰当的行为。同时，组织也可以依据绩效考核的结果来作出有关决策，如员工的提薪、晋级、降级、解聘等。

5. 薪酬管理

薪酬包括工资、福利、奖金等。薪酬管理是人力资源管理的基本工作之一。科学的薪酬管理不仅能提高员工的工作积极性，也是组织参与外部竞争的重要手段。

6. 劳动关系管理

这方面的内容包括劳动合同、社会保险、劳资关系、劳动争议与处理等工作，是人力资源管理的重要组成部分。

二、企业的人力资源管理部门

（一）企业人力资源管理部门的组织结构

随着人力资源管理工作的职能化和专业化，许多企业都设有专门处理人力资源管理工作的部门。但需要说明的是，人力资源管理部门虽然承担了大多数日常人力资源管理工作，但并不是说企业的人力资源管理工作全部由他们承担。事实上，人力资源方面的工作是由人力资源专业人员与直线经理（也称部门经理）共同完成和承担的，即所有的管理者都会参与日常性的人力资源管理实践。

1. 小型企业的人力资源管理部门

很多小型企业的组织结构简单，工作量不大，分工不够细致，不会单独设置一个专门的人力资源管理部门来进行企业的人力资源管理。对于这些企业来讲，它们的人力资源管理职能往往由行政等部门来承担，但行政部并非只承担人力资源管理职能，还承担接待、后勤、文秘等诸多工作。

2. 大中型企业的人力资源管理部门

在大中型企业中，人力资源管理职能变得比较复杂，企业往往会设置一个单独的部门来进行人力资源管理。但是，不同规模的企业中，人力资源管理部门的复杂程度可能有所差异，越大型的企业中，其人力资源管理部门的组织结构越复杂。

近些年来，随着流程再造思想的推广以及计算机技术的发展，一些企业的人力资源管理部门发生了深刻变化，有些企业中出现了以客户为导向、以流程为主线的新型组织结构形式。

在以客户为导向、以流程为主线的新型组织结构形式中，人力资源管理部门是以组织的服务者的面貌出现的，内部工作和人员主要划分为三个部门：① 服务中心，主要负责一些日常事务性工作，如办理手续、接受申诉等，企业对这些岗位上的人员要求并不高；② 业务中心，主要围绕人力资源管理传统核心职能活动展开，如招聘、培训、薪酬、绩效等，这些岗位的人员需要有较扎实的人力资源管理技能；③ 专家中心，主要负责组织的人力资源开发工作，制定组织的人力资源管理政策，向组织高层提供人力资源管理决策咨询等，这些岗位需要专家型的人力资源管理者。

3. 人力资源管理职能外包

随着经济活动的专业化，社会中出现了许多新的部门和机构，如人才中介机构、猎头公司、培训机构等，它们的出现使原先存在于组织内部的一些人力资源管理职能有了外包给市场的机会。所谓人力资源外包，是组织以合同的方式将人力资源管理中的全部或部分工作委托给市场上专业的人力资源机构来承担的行为。有些企业将自己与人力资源管理有关的大部分职能，如招聘、培训、劳动关系管理等都外包给市场上的专业机构，也有些组织只将极少数职能，如培训和开发外包给外部组织。

企业实施人力资源管理外包，可以获得如下好处：首先，可以使企业的核心业务得到更好的发展。每个企业都有自己的核心业务，在资源有限的情况下，如果企业将人力资源管理外包，那么就可以为企业节省下很多人力、物力、财力以及精力,使企业将更多资源和关注都放在自己的核心业务上,促进自身核心业务的良好发展。其次,可以获得更加专业的人力资源管理服务。由于市场上的专业机构通常对人力资源管理的一些职能更加熟悉,工作效率高,企业只需支付一定费用就可以获得比较专业的人力资源管理服务。最后,可以降低人力资源管理风险。由于人员的不稳定性以及很多客观因素,企业将不可避免地承受一些人员流失、财务方面的风险,但是通过外包业务,很多风险可以和外包公司共同分担,从而能很好地适应外部环境的变化。

与此同时,企业实施人力资源管理外包也可能带来一些风险:首先,难以选择合作对象。市场上的人力资源管理企业较多,素质参差不齐,各个企业所擅长的领域也各不相同,组织很难根据自己的实际情况选择合适的合作对象。其次,外包企业不熟悉合作企业的情况。虽然外包企业可能在人力资源管理业务上比较专业,但有可能因为不熟悉合作企业的情况、对合作企业的组织文化等考虑不周,而导致其人力资源管理策略出现偏差和失误,给合作企业带来风险和损失。最后,信息泄露问题。在业务外包时,为了配合外包企业的人力资源管理工作,企业往往需要将组织内部的一些信息告知合作企业,这可能会导致本企业各类信息的泄露。

因此,企业应当慎重考虑是否需要选择外包的形式进行人力资源管理工作,在选择合作伙伴时,要选择资质齐全、经验丰富、适合本企业特点的外包公司,以合同的形式来保障双方的合作。

(二)人力资源管理人员的职责

企业的人力资源管理工作是由企业中所有管理人员共同参与的,并非人力资源管理部门这一个部门的职责。比如,企业的高层管理者在企业的人事政策、薪酬制度、培训与开发等诸多方面都起着决定性的作用,各层管理者在自己部门内对所在部门的员工进行考勤要求、人员配置等工作也都属于人力资源管理的范畴,企业文化对人力资源管理工作也影响重大,很显然企业文化的形成是全部企业成员共同努力的成果。

第三节 人力资源管理的历史演进及发展趋势

一、人力资源管理的历史演进

(一)萌芽阶段

人力资源管理的前身称为人事管理。18世纪中叶,西方国家相继发生了产业革命,产生了大量的实行新工厂制度的企业。工厂制度的产生带来了一系列迫切需要解决的新问题,如工人的组织、分工、协作、配合问题,工人与机器、机器与机器间的协调运转问题,劳资纠纷问题,劳动力的招募、训练与激励问题,劳动纪律的维持问题等。这些本来都是现代人事管理的主要内容,但在当时却是企业经营者的主要工作内容。尽管当时已经有了人事管理的概念,但是早期的人事管理与现代意义上的人事管理在工作内容上却大相径庭,当时的人事管理主要承担的是福利方面的工作。

1897年,美国公司首次设立了"福利工作"的部门。此后,"福利部""福利秘书""社会秘书"等名称相继出现。设立这些部门或职位的主要目的是改善工人的境遇,听取并处理工人的不满,提供娱乐和教育活动,安排工人的工作调动,管理膳食,照顾未婚女工等。总之,这种关心工人福利的主张是现代人事管理思想的来源之一。

(二)科学管理阶段

19世纪末20世纪初,第二次工业革命引发了大机器生产,大生产要求更加专业化的劳动,工厂的一切生产都以"效率最大化"为原则。对此,被誉为

"科学管理之父"的弗雷德里克·温斯洛·泰勒，作为费城米德维尔钢铁公司的工程师，通过研究工人的工作效率，试图找到一种最好和最快的方法来完成工作。泰勒首先提出了一些基本的管理制度：① 对工人工作的每一个操作要素进行研究，以科学的结论代替工人的个人判断，以改变过去依赖经验的状况；② 不由工人自己去选择操作方法和进行自我培养，而是经过实验之后对工人进行科学选择和培养；③ 使工人掌握标准化的操作方式，使用标准的工具、机器和材料，并使作业的环境标准化；④ 制定并实施一种鼓励性计件工资报酬制度；⑤ 将计划职能与操作职能分开，推行职能制或直线职能制等。

科学管理的提出适应了时代的要求，在美国被广泛采用，并对人事管理思想的形成产生了重大的影响。泰勒的思想和理论引起了人们对人事管理职能的关注；科学管理宣扬管理分工，强调计划职能与操作职能的分开，这为人事管理职能的独立提供了依据和范例。

科学管理理论使人们认识到，过去由一线管理人员直接负责招聘、挑选、培养、支付薪酬、绩效评估等工作的做法，已不能适应企业规模扩大的现实，企业要做好人员管理这项工作，必须要有专业人士为一线管理人员提供建议，这为以后人事管理作为参谋部门的出现奠定了基础。

（三）人际关系管理阶段

以雨果·闵斯特贝格为代表的工业心理学的出现，对人事管理的发展起到了积极的作用。闵斯特贝格的工业心理学是基于科学管理的伦理观产生的，他试图为人事管理提供一个科学的基础。闵斯特贝格在1913年完成的《心理学与工业效率》一书中，提出了与泰勒的观点密切相关的三个方面的研究：一是研究工作对人的要求，以判明哪些人具备完成某项特定工作的心理品质；二是研究在何种心理条件下才能从每个人那里获得最大产量；三是研究从企业利益出发对人的需要施加影响的必要性。闵斯特贝格在实验的基础上对人员甄选、培训、激励以及减少疲劳等方面都提出了明确建议。

人际关系学说是对人力资源管理的发展作出贡献的另外一支力量。它起源于1924～1933年，是哈佛大学的两位研究人员乔治·埃尔顿·梅奥和弗雷兹·罗尔西斯伯格在位于芝加哥郊外的西方电气公司霍桑工厂中进行的一系列研究。研究的目的本来是确定照明对工人及其产出的影响。但最后得出的结论却是，社会互动以及工作群体对工人的产出及满意度有非常重要的影响。霍桑实验引发了整个管理学界对人的因素的关注，人际关系学、工业关系学等新兴学科应运而生，人际关系学说中的大量研究成果在人事管理领域得到广泛了运用，并推动了人事管理的迅速发展。同期，工会主义也开始崛起，工会越来越多地就工资、工时、就业条件等与资方进行集体谈判，这使得劳资关系成为企业人事管理职能的一个重要方面。

（四）传统人事管理成熟阶段

在人事管理的工作内容相对稳定的很长一段时间里，人事管理者的工作就是在管理层和操作层（工人）之间架起一座桥梁，他们需要用自己的语言与工人对话，然后再向管理层提出建议，告诉他们应当做些什么事情才能使员工达到最好的工作结果。然而，人事管理工作在企业中一直处于一种非常尴尬的境地。美国学者彼得·德鲁克毫不客气地对以蓝领工人为导向的企业人事管理工作提出了批评，他认为在第一次世界大战过去35年之后，人事管理职能依然没能很好地说明自己对于企业的重要性到底何在。在这种情况下，人事管理者不得不想各种办法去争取获得主管人员的认可，不断抱怨自己在企业中没有地位。人事管理工作包含一部分档案管理员的工作，一部分管家的工作，一部分社会工作者的工作，一部分"消防队员"的工作（防止和解决劳资纠纷）。德鲁克指出，这种工作只需要中等管理能力就已经足够，对于企业经营不会产生重大影响，更不可能成为需要高层主管人员来管理的重要工作。事实上，到20世纪60年代，人事管理一直被认为只是针对蓝领工人和操作类员工。

在这一时期，出现了三个因素：第一个因素是经济学中的人力资本理论的正式提出，人力资本被看作比物力资本更富有生产率的资本。人不仅不是服从于物力资本的，而且是比物力资本更有潜力的"活的资源"。第二个因素是行为科学的不断发展。后期的行为科学从人、组织、工作、技术等多个方面，对企业中人的行为进行了系统研究，不仅吸收了早期人际关系学说的一些有用的研究成果，而且借鉴了当时的组织理论，以及组织心理学、社会心理学等领域的最新理论发展。第三个因素是作为一门学科的人力资源会计出现了。这门学科的出现为衡量人力资本的利用效率提供了可靠的技术依据，使企业更加明确地认识到人力资源管理对于企业所可能产生的收益。这三个因素对于人力资源管理的理论与实践产生了极大的影响。

（五）人力资源管理阶段

人力资源管理的概念产生于20世纪五六十年代，然而它在20世纪80年代中后期才受到企业的普遍重视。其中，最主要的原因之一就是，在20世纪70年代末80年代初的日美企业管理制度比较研究热潮中，研究者发现，日本企业独特的人力资源管理制度与管理实践，是造成日美企业生产率差异的最主要原因。20世纪80年代是一个持续而快速的企业变革时代。敌意收购、杠杆收购、兼并剥离等事件层出不穷，人事管理也进入企业管理更高的层次。从关注员工道德、目标等有关的问题，到重视工作生活质量、工作团队、组织文化等内容。经济全球化和知识经济的发展最终导致人事管理向人力资源管理转变。20世纪80年代以后，人力资源管理研究的主要贡献集中在以下三个方面：

第一，人们逐渐认识到员工是与股东管理层地位平等的主要利益相关者。由此人力资源管理所涉及的范围变大，直线经理（特别是总经理）也应该承担更多的人力资源管理职责。

第二，人力资源管理政策和实践的设计与实施，必须与大量的、重要的具体情境相一致。这些具体情境因素包括劳动力特征、企业经营战略和条件、管理层的理念等。通过分析这些具体的情境因素，企业管理者将人的问题与经营问题结合起来，并使人力资源管理具有战略价值。

第三，企业在人力资源管理方面的花费越来越多，企业日益重视对人力资本投资收益的评估。

（六）战略人力资源管理阶段

进入20世纪90年代以后，随着技术、经济和社会的剧烈变化，企业开始从关注环境转向强调企业的战略、内部资源，传统的竞争优势来源（如技术、财务资源的获得）已不能再以稀缺的、不可模仿的和不可替代的方式为企业创造价值。由于人力资源的价值创造过程具有路径依赖性和因果关系模糊的特征，其细微之处竞争对手难以模仿，因此，企业的人力资源将是持久竞争优势的重要保证。在这一阶段，人力资源地位发生了明显的变化，人力资源部门不再只是负责事务性的部门，而开始参与企业的战略制定，成为企业战略制定的一股重要力量。人力资源战略不仅仅是人力资源部门的事情，而是整个企业的战略性工作之一。企业在设计发展战略时，要将公司和部门的战略与人力资源战略统一结合起来，一起为企业战略决策服务。竞争的压力提高了人力资源的地位，促进了研究者从提高企业竞争力的角度去研究人力资源管理，并直接促使战略人力资源管理的兴起。

战略人力资源管理认为，人力资源是实现企业战略发展目标的基石。一个企业要在未来赢得发展的空间，就必须拥有高素质、高水准的人力资源，通过实施各种人力资源管理政策和措施，增强企业的竞争力，完成企业整体战略目标。战略人力资源管理强调：① 人力资源管理被完全整合进企业的战略中；② 人力资源管理政策在不同的政策领域与管理层次间具有一致性；③ 人力资源管理实践应作为企业日常工作的一部分被直线经理与员工接受、调整和运用。

二、人力资源管理的发展趋势

21世纪，人类社会进入一个以知识为主宰的全新时代。随着经济全球化、信息技术的快速发展，企业赖以生存的环境与竞争方式正发生着深刻的变化。人力资源管理也经历着前所未有的来自信息化、知识与创新、企业变革等各种力量的挑战和冲击，其发展呈现以下几个趋势。

（一）人力资源管理在企业价值链中的作用日益凸显

人力资源管理的核心是如何通过价值链的管理来实现人力资源的价值及人力资源价值的增值，价值链本身就是对人力资源激励和创新的过程。人力资源管理之所以能在企业价值链中的作用日益突出，在于其可以为企业提供附加值。人力资源管理部门应该积极加强与企业各职能部门的密切联系，为企业各部门提供更好的服务。

人力资源管理的价值创造遵循二八规律，即那些能够为企业创造巨大价值的人创造了80%的价值，而数量却在企业中仅占20%，同时也能带动企业其他80%的人。人力资源管理者要注重形成企业的核心层、中间层、骨干层员工队伍，同时实现企业人力资源的分层分类管理模式。人力资源管理要通过合理的价值评价体系及评价机制，使企业所需要的真正优秀人才脱颖而出，通过建立合理的价值分配体系激励员工。

（二）知识型员工的管理成为人力资源管理的重心

随着知识经济时代的到来，知识型员工日益增多，人力资源管理的重心转向知识型员工的管理，知识的创造、传递、应用和增值成为人力资源管理的主要内容。

知识型员工拥有知识资本，他们在企业中的独立性、自主性和流动性比较强，他们不是被动地适应企业或工作的要求，而是具有更多的就业选择权与工作自主决定权。因此，管理者要尊重他们，并站在其内在需求的角度，为他们提供好的服务，以此赢得他们的满意度与忠诚度。知识型员工不是简单地通过劳动获得工资性收入，而是要与资本所有者共享价值创造成果。

人力资源管理者要高度关注知识型员工，要以新的思维来对待员工，通过提供令员工满意的人力资源服务来吸纳、留住、激励、开发企业所需要的人才。具体包括：① 共同愿景——通过提供共同愿景，将企业的目标与员工的期望结合在一起，满足员工的事业发展期望；② 价值分享——通过提供富有竞争力的薪酬体系及价值分享来满足员工多元化的需求，包括企业内部信息、知识、经验的分享；③ 人力资本增值服务——通过提供持续的人力资源开发、培训，提升员工的人力资本价值；④ 授权赋能——让员工参与管理，授权员工工作自主权，并承担更多的责任；⑤ 支持与援助——通过建立支持与援助系统，为员工完成个人与企业发展目标提供条件。

（三）企业与员工出现新的关系模式

企业与员工之间建立以劳动契约和心理契约为双重纽带的战略合作伙伴关系，目的是促进个人与企业共同成长。一方面，要依据市场法则确定员工与企业双方的权利与义务关系；另一方面，又要求企业与员工一同建立共同愿景，形成共同的价值观，实现员工的自我发展与管理。企业要关注员工对企业的心理期望与企业对员工的心理期望，并在二者之间达成"默契"，在企业和员工之间建立信任与承诺关系。

企业与员工之间的劳动契约关系也在发生变化。随着市场竞争范围的扩大和竞争程度的提高，企业逐渐意识到灵活用工在降低管理成本、提升企业柔性方面的积极作用，开始寻求不同渠道、不同方式的用工模式，如非全日制用工、临时雇用、固定期限合同用工等方式。非全日制用工在工作时间方面、外包用工在工作地点方面以及派遣用工在契约性质方面，与传统的雇佣关系都有很大差异。

（四）互联网技术在人力资源管理中的广泛应用

传统的人力资源管理技术耗费大量的人力、物力、财力和时间，人力资源管理者劳动强度大，工作效率相对较低。随着信息技术的快速发展，互联网不仅改变了人们的思维方式、工作方式和生活方式，也改变着人力资源管理的方式，网络招聘、在线培训、网络沟通、网络管理等人力资源虚拟化管理已成为必然趋势。强有力的信息技术已成为人力资源管理再造的媒介之一，正在和将要改变人力资源活动决策、管理及评估方式。未来的人力资源管理，不仅要建立和完善适应虚拟化管理的技术体系，还要建立起适应信息技术发展的企业网络文化。

（五）跨文化管理成为人力资源管理的趋势

决定人力资源管理差异的基础在于企业文化，不同国家的企业人力资源管理的不同，最终的差异在于国家文化的不同。经济的全球化必然要求人力资源管理的全球化。在全球化的背景下，人才流动国际化、人才竞争国际化成为一种必然趋势，国际化的人才市场与人才交流将逐渐发展成为一种获取人力资源的主要形式。未来的人力资源管理需要有效地管理全球范围的知识和人才，跨文化的人力资源管理将成为现代人力资源管理的重要内容。

第二章 职位分析

第一节 职位分析概述

一、职位分析基础知识

（一）职位分析的概念

职位分析又称为工作分析、岗位分析或职务分析，是人力资源管理体系中的一项基础性工作。一个组织是否进行了职位分析以及职位分析质量的高低，都对人力资源管理的各环节具有重要影响。

职位分析的概念有广义和狭义之分。广义的职位分析包括组织分析、机构分析和职位分析三个层次；而狭义的职位分析仅仅涉及对特定职位的工作内容、任职条件及该职位与其他职位的工作关系进行描述，是制定职位说明和工作规范的系统过程。职位分析的结果，通常是制作一份详尽而合理的职位说明书。在职位说明书中，通常包括两个部分的内容：一是对岗位本身的描述；二是对该岗位的用人要求提出说明。前者常被称为职位描述，后者常被称为任职资格。

具体来说，职位分析就是要为人力资源管理活动提供与特定职位有关的各种信息，这些信息可以被概括为"6W1H"，即：

What：这个职位是做什么的？工作内容是什么？

Who：什么样的人能承担这个职位？

When：关于这项工作的时间安排是怎样的？

Where：这个职位的工作在哪些地方开展？

Why：为什么要设置这个岗位？或者为什么要开展这个工作？

For Whom：这个职位的工作是对谁服务的？或者对谁负责？

How：如何开展职位工作？

（二）需要进行职位分析的时机

一般情况下，如果发生了以下三种情况，应当进行职位分析：①组织新成立，或进行了组织变革、导致了组织结构调整或工作流程变化时；②当组织因开拓新业务、扩大规模、多元化经营等产生了新岗位时；③当组织内外环境发生了变化，比如引入了新的管理理念、新的作业技术等，导致组织原有职位的工作性质和工作内容发生改变时。

（三）职位分析中的相关术语

在职位分析时常会用到一些专业术语，这些专业术语的含义与人们的日常理解不尽相同。为了科学有效地进行职位分析，我们必须对这些术语有准确的理解。常见的术语有工作要素、任务、职责、职权、职位、职务、职业、职位分类等。下面对此分别进行阐释：

1. 工作要素

工作要素是指工作中不能再继续分解的最小动作单位。它可以用来描绘某项工作的单个动作，如接话员拿起听筒接听电话、财务人员使用计算器、司机拿出钥匙启动机动车等，都是工作要素。工作要素处于较低层级的职位分析范围，一般只有在制造行业中为了制定操作性工作的动作标准，工艺人员分析工人的动作或者进行规范操作工作程序时才会用到。

2. 任务

任务是为达到某一特定目的所从事的一系列活动，它可以由一个或多个工作要素构成。比如，为了将幼儿园小朋友安全送到家，校车司机的任务就涉检查车辆安全、引导上车、安排座位、启动车辆、安全驾驶、到点下车等多个工作要素。任务可细分出活动、活动程序、要素等更细微的单元，各种任务有大有小、有难有易，所需时间长短不一。比如，同样的一次飞行任务，演习中的"飞行"和战斗中的"飞行"肯定是不一样的。当组织中有足够量的任务需要一个人承担时，就产生了工作岗位。

3. 职责

职责是组织要求的在特定岗位上需要完成的某类工作任务的集合。比如，车工的职责是加工零件并进行质量检测、机床设备的维护与保养；程序员的责任是程序的编制、实现软件的功能；办公室秘书的职责是负责接听电话、文件收发、办公室杂事等。

4. 职权

要完成工作，就需要有一定职权，否则工作难以完成。职权就是依法赋予的完成特定任务所需要的权力。比如，要让程序员完成编程工作，他有使用计算机和相关软件的权限；管理人员要完成相关管理工作，他有下达命令和调配人手的权利等。

5. 职位

职位就是岗位，是组织要求个体完成的一项或多项责任，以及为此赋予个体的权利的总和。职位与个人是相匹配的，也就是有多少职位就有多少员工，二者的数量相等。当员工数量少于职位，组织就发生了缺编现象；当员工数量多于职位，就是超编现象。职位强调的是"事"，是因事设岗，不是因人设岗。如人力资源部经理就是一个职位，不管是谁，如果拥有这个职位，他们所承担的工作职责和职权都是一样的。

6. 职务

职务是指组织中具有同等垂直位置的一组工作岗位的集合或统称。如公司的生产部经理、质管部经理、设计部经理是三个不同的职位，但都属于部门经理这个职务。可见，一个职务可能包含多个职位。

7. 职业

职业是对不同组织甚至不同时期从事相似活动工作的总称，如医生、教师等。

8. 职位分类

从横向上区分组织中的职位，可以分为职系和职组；从纵向上区分组织中的职位，可以分为职级与职等。

（1）职系

这是指工作性质大体相似，但工作责任和难易程度不同的一系列职位。例如，人力资源助理、人力资源专员、人力资源经理、人力资源总监就是一个职系。

（2）职组

这是若干工作性质相似的职系所组成的集合，也叫职群。例如，小学教师、中学教师、大学教师就组成了教师这个职组。

（3）职级

这是指将工作内容、难易程度、责任大小、所需资格都很相似的职位划归为同一职级，实行同样的管理、使用与报酬。例如，初级钳工、中级钳工、高级钳工就是钳工职系的不同职级，同一职级可以进行同样的管理和使用，并给予同等报酬。

（4）职等

不同职系间，工作困难程度、责任大小、所需资格差不多类似的归纳为统一职等。例如，行政体系中设置的科级、处级、厅级等，就可以使不同部门间的人员在权利、地位、待遇上相互参考比较。

二、职位分析的作用

职位分析的作用可以从两个方面讨论：一是它对组织各项职能的作用；二是它对人力资源管理活动的作用。

（一）职位分析对组织一般管理的作用

职位分析对组织一般管理的作用表现在三个方面：一是对组织分析的作用；二是对直线管理者的作用；三是对员工的作用。

1. 职位分析对组织分析的作用

职位分析详细说明了各个工作的特点及要求，界定了工作的权责关系，明确了工作群之间的内在联系，从而奠定了组织结构设计的基础。

通过职位分析，尤其是广义的职位分析，可以全面揭示组织结构、层级关系对工作的支持和影响，为组织结构的优化和再设计提供决策依据。

职位分析还与劳动定编和定员工作有着非常紧密的联系。定编是指合理确定组织机构的结构、形式、规模以及人员数量的一种管理方法。定员是在定编的基础上，为组织每个工作配备合适人选的过程。而如何定编、定员，都需要职位分析工作的大力支持。

2. 职位分析对直线管理者的作用

职位分析对直线管理者的作用表现在以下两个方面：

（1）有助于他们科学设计和优化工作流程

通过职位分析，有助于使各直线管理者加深对工作流程的理解，及时发现工作中的不足和问题，并有针对性地进行优化和流程改造，提高工作的有效性。

（2）帮助直线管理者对属下员工进行科学评估

通过职位分析，有助于直线管理者根据职位分析的结果来科学考评属下员工的绩效，并根据他们的能力和状况重新部署人力资源的分配。同时，有助于各位直线管理者对下属设定科学的工作目标。

3. 职位分析对员工的作用

职位分析有助于员工本人完善其工作技能和方法。通过职位分析，有助于员工本人反省和审查自己的工作内容和工作行为是否符合组织要求，并以职位分析的结果为目标加强学习，以提升自己的各项工作技能、改善自己的工作行为，从而确保组织目标更好地实现。

（二）职位分析对人力资源管理活动的作用

职位分析在组织人力资源管理活动中起着基础性作用。具体来讲，它在人力资源相关活动中的作用表现在以下几方面：

1. 职位分析对人力资源规划的作用

人力资源规划工作是人力资源管理活动的基础，同时它也与职位分析工作紧密相关。在进行人力资源规划时，很多都需要借助职位分析的帮助。比如，在预测组织人力资源的供求状况时，经常会用到人事资料清查（技能清单）、人力接续、马尔科夫分析法等，这些方法都离不开清晰的工作层级关系和晋升、工作转换关系，这些都是职位说明书所应该规定的。在预测需求时，对各个岗位上所需要的人力资源数量和质量都需要进行预测，而这与职位分析的结果紧密相关，尤其是任职资格条件是重要的参考。

2. 职位分析对人员招聘的作用

在员工招聘时，需要对应聘人员提出招聘的条件限制，如何种学历、何种专业、何种技能水平、怎样的工作经验等的应聘者方可获得面试机会，这些条件主要来源于职位分析中关于任职资格的说明。因此可以说，职位分析是人员招聘的基础工作。

3. 职位分析对人员培训与职业规划的作用

在培训与开发中，要想保证培训的内容科学且有针对性，也需要借助职位分析的结果。通过职位分析，能明确知晓各种岗位对人员的技能要求，如果发现现在的员工在某方面有所缺陷，那么就可以考虑展开有针对性的培训，减少培训的盲目性。同时，通过职位分析，也可对不同工作之间的关系予以阐明，这也有助于培训中向各位员工阐明，让不同岗位的人能够相互理解、相互支持，从而更好地实现组织绩效目标。在进行员工职业生涯设计时，职位分析还可以提供职业发展的路径与具体要求。

4. 职位分析对绩效管理的作用

在绩效管理尤其是绩效考评中，要有明确的考核指标，否则绩效考核工作将难以开展。而在职位分析中，可以对不同岗位的工作予以阐述，提出"工作关键业绩指标"这一内容。这一内容既能明确对考评人员从哪些方面予以考评进行指导，也能为每位工作人员的努力方向提供指引。在进行绩效考评时，可以根据职位分析的关键指标来进行考核。同时，如果职位说明书包含了"沟通关系"这一项目，就可以清晰地指明绩效考核的主体与考核层级关系，因为沟通关系中明确了汇报、指导与监督关系。

5. 职位分析对薪酬管理的作用

在薪酬设计中，要科学规定不同岗位的薪酬待遇，而科学规定的基础是对各项工作有准确的理解。通过职位分析，能对各种工作进行深入理解，根据它们对组织总体目标实现的贡献大小、对任职人员的能力要求高低等方面，对各个岗位的价值大小进行评估，进而成为合理薪酬的依据。职位分析为薪酬管理提供相关的工作信息，通过工作差别确定薪酬差别，使薪酬结构与工作挂钩，从而制定公平合理的薪资政策。

三、职位分析的原则

在进行职位分析时，应当遵循以下原则：

（一）系统性原则

组织中的每一个职位和工作都不是完全独立的，而是与其他岗位和工作密切相关的。在进行职位分析时，不能仅仅考虑该岗位本身的工作具有何种特点，以及这些特点对就职人员提出了怎样的要求，还需考虑该工作与相关工作岗位的关系，其他岗位对该职位提出了哪些要求，从组织整体上把握该职务的特点以及对任职人员的要求。

（二）动态性原则

随着组织内外环境的变化，组织中同一个岗位的工作内容、任职要求可能也会发生变化。因此，在进行职位分析时不能仅仅是做静态考虑，而应当根据情景的变化而不断做出调整。职位分析是一个与时俱进的过程。

（三）目的性原则

职位分析的内容非常广泛，其用途也非常多。我们在进行职位分析时，可能会基于不同的目的，确定不同的分析重点。比如，如果职位分析的目的是明确工作职责，那么分析的重点就应该考虑工作范围、工作职能、工作任务的界定；如果是为了甄别人才，那么职位分析的重点就在于任职资格的确定；等等。总之，我们应当根据职位分析的目的来决定职位分析中要开展哪些工作。

（四）岗位性原则

职位分析是分析岗位而不是分析人，其分析重点应该放在岗位任务、工作范围等方面，而不是分析岗位上的某个人现在如何。职位分析要从组织对岗位的要求出发，避免出现现任岗位员工的素质、绩效影响了岗位任职人员应有的素质、绩效要求的情况。

（五）参与性原则

虽然职位分析主要是人力资源管理部门的工作，但这项工作的完成要由组织中所有部门共同参与才能完成。因此，我们在进行职位分析时，要邀请组织中各个部门尤其是高层管理者和各业务部门的大力配合，获得他们的支持，方能达成预期的效果。

（六）应用性原则

职位分析并不仅仅是为了获得职务说明书或者任职资格要求等这样的书面文件，还要将它用于指导组织中人力资源管理或其他各个方面的管理工作。比如，在人事招聘、培训、绩效考核等工作中，甚至是组织结构变革的过程中，都可能需要职位分析结果的支持。

组织在相关工作中要充分应用职位分析的结果，这样一方面能有效提高相关工作的效率，另一方面也有助于职位分析工作的实际应用。

四、职位分析的程序

由于不同的组织有不同的工作种类，各个组织由于战略、性质以及实施职位分析的目的等都有可能有所不同，因此，各组织实施职位分析的流程也不一样。一般情况下，职位分析的一般流程可分为六大阶段：计划阶段、工作设计阶段、信息收集阶段、信息分析阶段、结果表达阶段和职位分析结果应用及评价阶段。

（一）计划阶段

计划阶段可算作实施职位分析的准备阶段，其主要任务是明确是否有职位分析的必要、职位分析的目的是什么、在多大范围展开职位分析、编写"职位分析工作计划书"并报上级部门批准。在获得上级部门批准后，可组建职位分析小组，开始展开具体的工作。在这个阶段，下列四项工作尤为重要。

1. **明确是否有必要展开职位分析**

职位分析是需要耗费组织时间、人力、物力、财力、精力的工作，如果不需要进行职位分析就不要展开相关工作。因此，进行职位分析的第一步，就是要弄明白是否有展开职位分析的必要。前文已经说明组织在何时应当进行职位分析，组织应当结合这些情况根据自身实际确定是否有必要展开职位分析。

2. **确定职位分析的目的**

做任何工作都需要弄清楚为什么而做、做这个工作要达到何种目的。在决定有必要做职位分析工作后，就需要弄清楚本次职位分析的目的是什么，它将用于何种用途，因为这些决定了在调查、分析过程中要收集何种信息、如何收集信息、形成何种分析的结果、如何使用结果等后续工作。

3. **确定职位分析的范围**

并非所有职位分析都有必要在整个组织范围内展开。在分析目的的指引下，职位分析的实施者应弄清楚在多大范围展开职位分析工作，是在整个组织中开展，还是在某个部门中开展，还是仅仅分析某类具体工作。一般来说，这个工作是由人力资源管理部门来做的。他们在明确了职位分析的范围后，同时还要编写职位分析计划，对职位分析的原因、目的、涉及范围、时间和资金预算等进行说明，提交组织高层审批。

4. **组建职位分析小组**

当职位分析计划书获得上级批准后，要组建职位分析工作小组，后边的职位分析工作就交由该小组具体负责实施。一般来说，这个小组可能有三种情况：首先是组织内部的人力资源管理部门，他们抽调人手组建工作小组，并协调组织内的其他相关部门人员的配合与支持；其次，实施主体也可以是组织内部的各部门，这些部门对自己所属工作比较熟悉，由他们在人力资源管理部门的指导下进行职位分析工作，也能得出比较科学的结论；再次，还可以将该工作外包，交由组织外部的专业机构进行分析，组织内部的人力资源管理部门和各相关部门配合协助。

（二）工作设计阶段

在前面工作的基础上，负责实施职位分析的工作小组要对今后工作的具体展开进行谋划。本阶段的工作主要有两类：一类是对后续工作进行具体规划和设计，如确定职位分析对象，明确所需要收集的信息及信息搜集的方法，计划各项工作的具体时间安排和人员分工等；另一类是准备各项分析工具和表单，如访谈提纲撰写、问卷调查表的制作和测试等。

（三）信息收集阶段

职位分析工作是在大量信息收集的基础上展开的，为确保后续工作的顺利开展，本阶段应该进行各方面信息的搜集。各相关人员按照拟定的计划，用设计好的方法和工具，多渠道收集各种需要的信息。常见的信息收集渠道有以下三个：一是内部文件的查阅，如组织结构图、工作流程图、相关规章制度、之前制定的职位说明书等；二是咨询相关人员，如组织的内部管理者或相关同事，也可以是组织外部的人力资源管理专家；三是收集组织外部同行业的相关政策和规定，或者参考其他组织中的相关岗位情况等。各种渠道能获得不同的信息，但是它们在成本、难度等方面也各有差异，任务的实施者要依据具体情况灵活使用。

（四）信息分析阶段

前期收集起来的信息可能是杂乱无章的，需要对所收集的信息进行核对、筛选、统计、分析、研究、归类，方能使其变成有用的信息。

1. 信息分析需要分析的内容

一般情况下，此阶段需要分析的内容有：① 职位基本信息，如职位名称、职位所在部门、职位等级等；② 职位任务和工作程序等相关信息，如主要工作内容、工作范围、职权界定、工作设备和工具、工作流程等；③ 职位环境和关系等相关信息，如职位的工作场景、工作时间、工作条件、可能的职业病、与其他职位的关系、需要涉及的人际交往、管理状态等；④ 职位任职要求，如性别、年龄、学历等基本要求，经验、技能、专长等才能要求，体能、智能、健康状况等基本身体素质要求，政治思想状况、价值观、性格、气质、兴趣等心理素质要求，人际交往能力、团队协作能力等综合素质要求等。

2. 信息分析的一般步骤

（1）分析部门工作任务清单，确定部门工作任务和权限在信息分析的基础上，按照工作流程或者不同职位之间逻辑关系，将整个工作团队或部门、组织的全部工作信息进行梳理，得到部门的工作任务清单；在得到组织内部确认的情况下，进一步分析部门间的权限关系，确认部门工作任务及权限分配。

（2）确定关键工作任务

针对部门内的每一职位，确认其工作任务清单，并根据工作任务的时间消耗在总作业时间中的占比、工作任务的相对重要程度等，判断任务清单中的关键工作任务。

（3）得出任职资格条件

针对关键工作任务进行分析，确认该工作的任职资格条件。

（五）结果表达阶段

这个阶段的主要任务是在前面工作的基础上编写职位说明书，通常包括"职位描述"和"任职资格"。主要的工作有：① 根据前面工作的结果草拟"职位描述"和"任职资格"；② 将草拟的"工作描述"与"任职资格"与实际工作对比；③ 根据对比结果判断是否需要修正以及如何修正，如果发现有太大出入，还需考虑是否要补充调查获取新信息；④ 修订草稿，重复②和③步的工作，直到得到相对满意的结果；⑤ 形成最终的职位说明书。

（六）职位分析结果应用及评价阶段

形成的职位说明书需要用于实践，否则职位分析就变得毫无意义。职位分析的最终结果要用于指导组织的人力资源管理工作，或其他组织管理工作。当然，在应用中也可能会发现职位分析的结果对实践的指导意义不够明显。这说明，还需要对职位分析工作的有效性进行评价，通过评价发现职位分析工作中的可取之处和不足之处，为改进今后的职位分析工作提供帮助。

第二节　职位分析的方法

职位分析是一项技术性比较强的工作，所用到的分析方法有职位调查法、职位界定法、任职资格评定法等。限于篇幅，本节着重介绍职位调查法。常见的职位调查法有观察法、访谈法、问卷调查法、关键事件法、工作日志法、工作实践法、计算机职位系统分析法等。

一、观察法

（一）概述

观察法是指职位分析人员借用人的感觉器官、观察仪器或计算机辅助系统实地观察、描述员工的实际工作活动过程，并用文字、图表和流程图等形式记录、分析和表现有关数据。观察法主要适用于周期性和重复性较强的工作。

（二）分类

根据观察对象的工作周期和工作突发性的不同，观察法可以分为直接观察法、阶段性观察法和工作表演法等。

1. 直接观察法

这是观察人员直接对员工工作的全过程进行观察，适用于周期很短的工作岗位。比如，多数时候的保洁员职位工作周期可视为一天，那么职位分析人员可以观察一位保洁员一天都做了哪些工作。

2. 阶段观察法

有些工作的周期较长，不能全程跟踪观察，此时就需要采用阶段观察法，也就是分阶段观察。比如，办公室文员平时的工作和特殊时刻的工作（如年终时筹备总结大会）可能不同，那么观察办公室文员的工作，就需要分平时和年终及特殊工作时刻，对其进行分阶段观察。

3. 工作表演法

工作表演法用于工作周期很长和突发性事件较多的职位观察。比如，保安人员在从事保安工作时，除了每天的例行巡逻与检查外，可能还经常会遇到消防宣传、治安事件处理、公安机关工作配合等多方面的工作，这些工作的观察如果使用前述的两种方法，可能无法获知工作的全貌，那么就可以通过让保安人员表演相关活动的过程来对其进行观察。

（三）观察法的实施

为了获得更好的观察效果，观察法通常需要分两阶段进行：一是观察设计；二是观察实施。观察设计是在观察工作开始前对观察工作的事前设计，目的是保障观察工作的有序进行，同时也确保观察内容不会被遗漏。观察设计阶段的工作主要包括以下两个方面：一是确定观察内容，以确保在后续观察行为中从哪些方面展开观察和记录；二是设计观察提纲或者观察记录表。

（四）观察法的优点与缺点

优点：① 能提供最直接的第一手资料，比其他途径获取的信息更有效；② 能直观地看到自然环境或工作场合中员工做什么及如何做等情况，在收集非语言行为资料方面优于其他方法；③ 观察法可以在工作过程中建立与任职者面对面的交流，在任职者对自我工作表述有障碍时，可通过形体语言给予解释，从而获得真实、准确的信息。

缺点：① 并非所有工作都可以用观察法来调查，一般来说，它更适合调查那些以体力为主的职位，而不适合调查以智力活动为主的职位；② 观察的结果常用文字表述，不利于统计分析；③ 观察法比较费时费力，所观察的样本数量通常较少，难以保证信息资料的全面性和时效性。

二、访谈法

（一）概述

访谈法又称面谈法，是由职位分析人员通过与有关人员或小组进行面对面的交谈，获取与工作有关信息的方法。通过访谈，可以了解任职者的工作态度、工作动机等深层次问题，能收集到一些用观察法等方法所不能收集到的信息，不仅可以作为职位分析的基础，也可以为组织其他管理工作提供帮助。

访谈法是目前在国内组织中运用最广泛、最成熟并且最有效的职位分析方法，也是唯一适用于各类职位分析的方法，尤其是对中高层管理职位的分析具有较好的效果。

（二）分类

访谈法的分类很多，如根据访谈的正式性，有正式访谈和非正式访谈之分，两者均可以不同程度地获得访谈者所想要了解的内容。根据访谈双方人数的多少和关系，有一对一访谈、一对多访谈，还可以是多对多访谈。根据访谈的结构化程度，可分为结构化访谈和非结构化访谈。其中，前者的特点是按定向的标准程序进行，通常是采用问卷或调查表，能够收集全面的信息，但不利于受访者进行发散性思维表达；后者指没有定向标准化程序的自由交谈，访谈者可以根据实际情况灵活地收集工作信息，但信息缺乏完备性。在实际访谈调查中，往往同时使用多种访谈方法。

（三）访谈法的优点与缺点

优点：① 能对受访者的态度、动机等不容易被直接观察到的深层次东西进行详细了解。② 简单易行，适用面广。③ 可以相互交流，与受访者商讨职位的相关属性和特征，也可为受访者解释职位分析的必要性，获得他们的工作支持。④ 有助于和受访者进行广泛交流和深入沟通，建立良好的人际关系，倾听他们的呼声，减轻他们的压力，形成良好的组织人际关系。

缺点：① 对访谈者有较高的技术要求，如果由非专业人员访谈，可能会主导交流或被对方主导，影响结果的准确性。② 比较费时费力，成本较高。

③ 如果受访者认为访谈与绩效考核或与薪酬调整有关，他们可能会故意夸大或弱化相关职责，导致调查的结果不准确。

三、问卷调查法

（一）概述

问卷调查法是工作分析中广泛运用的方法之一，它是以书面的形式、通过任职者或其他相关人员单方面信息传递来实现的工作信息收集方式。问卷是问卷调查法使用的主要工具，它是指为统计和调查所用的、以设问的方式表述问题的表格。通过科学的问卷设计，再以邮寄、个别分送或集体分发等多种方式，将问卷发放到被调查者手中，要求他们按照要求填写问卷，调查者通过统计问卷，以获得调查所需的资料。

（二）分类

问卷调查法可按照不同的分类方法分为不同的类型。

按照问卷填答者的不同，可分为自填式问卷调查和代填式问卷调查。自填式问卷调查是将问卷交给受访者，由被调查者自己填写问卷的调查方式。按问卷传递方式的不同，可分为报刊问卷调查、邮政问卷调查和送发问卷调查。代填式问卷调查是调查者按照准备好的问卷向被调查者提问，根据被调查者的回答代为填写问卷的调查方式。按照与被调查者交谈方式的不同，可分为访问问卷调查和电话问卷调查。

按照调查的结构化程度，可分为结构化问卷调查和非结构化问卷调查。前者是在一定的假设前提下，多采用封闭式的问题收集信息，结构化的问卷具有较高的信度和效度，便于职位之间相互比较。非结构化问卷中的问题多是开放式的，可以全面地、完整地收集信息，能够对不同的组织进行个性化设计，因此具有适应性强和灵活高效的优势，但与结构化问卷相比，随意性较强。

（三）问卷调查的优点与缺点

优点：① 问卷调查费用低、速度快，受时间限制较少，受访者可以利用闲暇时间写，不影响正常工作；② 问卷调查可以大范围调查、可同时分析很多员工，一般可用于多种目的、多种用途的职位分析；③ 员工有参与感；④ 比较规范化，容易量化，方便用计算机统计，以提高效率。

缺点：① 科学的问卷设计是一项技术性很强的工作，对人力、物力、费用要求较高；② 问卷不容易了解被调查对象的态度和动机等较深层次的信息；③ 被调查者可能会敷衍、不积极配合或者胡乱填写，同时问卷的回收率也难以保证；④ 问卷的大规模调查过程需要控制，否则可能会出现混乱或者因舞弊行为而出现虚假结论。

四、关键事件法

这是由美国学者弗拉赖根和贝勒斯于1954年提出的职位分析方法，是对工作过程中的"关键事件"进行调查、观察、记录和编码，进而对职位特征和工作要求进行分析研究的方法。

（一）关键事件的识别与记录

关键事件法的关键是识别某个职位的关键事件。所谓关键事件，是能对职位的工作成果产生决定性影响的行为特征或事件，它并不是工作的全部内容，而是工作中的典型事件。对于关键事件的识别不同，会导致不同的职位分析结果，因此对调查人员的专业水平要求很高。当然，同时这也是关键事件法的缺陷。

在对关键事件进行调查和记录时，可以遵循"STAR"法。其中：

S 是 Situation，情境。这件事情发生时的情境是怎么样的。

T 是 Target，目标。他为什么要做这件事。

A 是 Action，行动。他当时采取什么行动。

R 是 Result，结果。他采取这个行动获得了什么结果。

采用关键事件分析法时应注意：关键事件应具有岗位代表性，数量不能强求，识别清楚后是多少就是多少；对关键事件的表述要言简意赅，清晰、准确；对关键事件的调查次数不宜太少。

（二）关键事件法的使用步骤

1. 识别职位关键事件

这是第一步，首先要识别特定职位上的关键事件应当是什么。

2. 记录关键事件的信息和资料

在识别了关键事件后，要按照"STAR"法对其进行记录。记录的信息应当包括：导致关键事件发生的前提条件是什么、原因是什么、关键事件的发生过程和背景是什么、员工在关键事件中的行为表现是什么、关键事件发生后的结果如何、员工控制和把握关键事件的能力如何等。

3. 描述职位特征，得出结果

在各项信息资料详细记录的基础上，对这些信息资料作出分类，并归纳总结出该岗位的主要特征、具体控制要求和员工的工作表现情况。

五、工作日志法

工作日志法是要求任职者在一段时间内实时记录自己每天从事的工作，形成某一工作职位一段时间以来发生的工作活动的全景描述。

工作日志的填写形式可以是不固定的，也可以由组织事先提供统一样式，让员工按要求填写。但不管如何，工作日志要随时可以填写，比如每10分钟填写一次，或者每半个小时填写一次。不能是下班前集中填写，因为这样可能会记录不全，或者赶着下班而填写不详。

工作日志法的优点是：随时记录，详尽可靠；成本低廉，经济有效；对员工有反省和总结、自我完善提高的作用。但是它也有缺点，主要表现为：员工随时填写，会影响工作；记录烦琐、统计复杂；主观记录，可能产生偏差。

六、工作实践法

工作实践法是由职位分析人员亲自从事所需研究的工作，通过亲身体验来收集相关资料。它的优点是：能亲身体验，获得第一手资料，从而更加准确地了解工作的实际过程，以及职位对任职者在体力、知识、经验方面的要求。其缺点是：通常只适合短期内可以掌握的工作或内容比较简单的工作，不适合需要大量培训和危险性较强的工作。

七、计算机职位系统分析法

这是指用计算机软件来进行职位分析的方法。

在实践中，职位分析者应该根据分析的目的、职位的特点和组织的实际情况，科学合理地选择上述职位分析方法，有效扬长避短，确保信息收集的准确性和全面性。

第三节 职位说明书的编写

一、职位说明书概述

职位说明书，也称为职务说明书、岗位说明书或工作说明书，是通过职位描述的工作把直接的实践经验归纳总结上升为理论形式，使之成为指导性的管理文件。它是职位分析工作的结果，通常包含了职位描述和任职资格两个方面的内容。

职位描述主要是对职位的工作内容进行概括，包括职位设置的目的、基本职责、职位权限、业绩标准、使用设备等内容。任职资格是对任职人员的标准和规范进行概括，通常包括该职位的行为标准，胜任职位所需的知识、技能、能力、个性特征以及对人员的培训需求等内容。

二、职位说明书的内容

职位说明书并不存在标准的格式版本,每个组织的职位说明书都有不同的样式和内容。在编写时,既可以用表格形式呈现,也可以用叙述型方式表达;内容表述要准确恰当,不能模棱两可;内容可简可繁,根据需要进行调整;应尽可能地运用统一格式,注意整体协调,做到美观大方。

一般来说,职位说明书可能涉及的内容如下:

(一)职位标识

职位标识相当于职位标签,能将某一特定职位进行直观区分,通常内容包括职位名称、职位所属部门、职位薪点、上下级关系等。

职位名称应简洁明了,尽可能全面准确地反映职位的主要职责和内容,也容易让初次接触该职位的人通过名称了解该职位的工作内容。职位所属部门与组织结构的设计紧密相关,同一个职位,在不同的组织中可能分属于不同的部门。职位薪点可用于薪酬管理中的薪资等级界定。上下级关系也与组织结构有关,可以表明该职位与其他职位的指挥、汇报关系。

(二)职位概要

职位概要是用一句话来描述该职位的主要工作职责。概要的描述应当是具体的、特定的,而不能写得虚无、笼统。比如,人力资源总监的职位概要可以描述为:"规划、指导、协调公司的人力资源管理与组织建设,最大限度地开发人力资源,促进公司经营目标的实现和长远发展。"绩效考核主管的职位概要可以描述为:"组织实施公司全员绩效评价制度及年度评价工作,保证评价工作的及时性和质量。"

(三)职位职责

这是对任职者在该职位上应当承担的具体职责、所需完成的职位活动或职位内容进行的描述。

职位职责描述通常需要分步骤进行。首先,将职位所有工作活动划分为几项主要职责；其次，再将每一项职责进一步细分，分解为不同的工作任务；最后，进行归纳描述。比如，在对普通大学教师的职位进行描述时，首先可以将其工作活动划分为教学、科研、学生指导和学校服务等几个大的方面，然后将这几个方面再进一步分解。比如，可将教学分解为了解学生状况、备课、授课、作业、考核等几项具体工作内容，最后再对这些工作进行描述。在具体描述时应当注意如下两个问题。

1. 按照"动词＋宾语＋目的状语"的格式进行描述

比如，要描述人力资源部经理的人力资源战略工作的职责，可以描述为："负责组织制定人力资源战略和人力资源规划，保证为公司的发展战略提供有效的人力资源支持。"其中，"负责组织制定"是动词，表示工作任务是如何开展的；"人力资源战略和人力资源规划"是宾语，表明活动的实施对象，这个对象既可以是人，也可以是物或事，此处的宾语有两个，可见工作内容可能不止一项；"保证为公司的发展战略提供有效的人力资源支持"是目的，是阐明实施前面动作的目的性。

2. 准确使用动词

动词是职位职责描述的关键，必须准确使用动词。比如，上例在描述人力资源部经理的人力资源战略工作的职责时，如果描述为"负责人力资源战略和人力资源规划……"就不准确。虽然"负责"也是一个动词，但这个词所包含的意义比较广泛，它既可以是"负责制定"，也可能是"负责执行"，还可能是"负责统筹"，所包含的意义就不准确。因此，一定要加上"制定"两个字。

（四）业绩标准

这是对每个职位应当作出何种成绩，以及如何判定任职者工作优劣的标准进行的阐述。职位不同，所进行的描述也有所不同。在描述时应当尽可能量化，但并非所有职位都可以进行量化，在描述时要灵活处理。

（五）职位关系

职位除了要与上下级处理好直线关系外，为了保证工作顺利开展可能还需要处理好与其他相关岗位，甚至是组织外部相关单位的关系。在描述这种关系时，需要阐明职位上的任职者会与哪些相关岗位打交道，会处理哪些关系，同时还需要对联系的频繁程度、每次接触的目的及这些关系的维护对组织的重要性进行说明。

(六) 职位权限

这是对职位的权限范围进行的描述,如决策的权限、对其他人的监督权限、经费管理权限等。比如,是否有权批准下属的事假和病假、是否有权动用一定金额的经费开展业务等。通常包括如下几个方面:

1. 人事权限

如人员雇佣、配置、考核、奖惩、考勤等方面的权限。

2. 财务权限

具体包括与业务有关系的财务权限,如物资采购;支持业务而开展的相关财务权限,如差旅费、招待费的报销等。

3. 业务权限

这是为了业务的开展必须具备的权力资源,如批准方案的实施,向上级提出的建议等。

(七) 使用设备

这是对该职位要顺利开展工作,需要使用哪些设施设备、工具仪器等进行的描述。

(八) 工作环境和条件

这是对职位工作环境和条件等进行的描述,包括职位开展工作的时间要求、地点要求和工作的物理环境条件等。如室内工作还是室外工作,职位环境中是否有危险因素等。

(九) 任职资格

这是对胜任该职位的人应当具备的条件进行的描述,通常包括对任职者的专业背景、受教育程度、工作经验、技能等方面的规定。

(十) 其他信息

这是对需要说明的其他情况进行的说明。

第三章 人力资源招聘与甄选

第一节 人力资源招聘概述

人力资源招聘是企业获取优秀人才的主要渠道,能否招聘到合适的员工,使企业拥有富有竞争能力的人力资源,是一个企业兴衰存亡的关键。因此,做好人力资源招聘工作已经成为关系企业长远健康发展的前提和保障。

一、人力资源招聘的含义及意义

(一)人力资源招聘的含义

所谓人力资源招聘,是指企业根据人力资源规划和工作分析的要求,通过一定的程序和方法,把具有一定技巧、能力的人吸收到企业空缺的岗位上,以满足企业人力资源需求的过程。招聘工作作为人力资源管理的源头,直接影响企业人力资源管理其他环节的开展。

（二）人力资源招聘的意义

1. 人员招聘是企业获取人力资源的重要手段

招聘的直接目的就是获得企业需要的人才。招聘工作的质量直接决定人力资源输入的质量。企业的竞争说到底是人才的竞争，企业只有通过人员招聘，才能获得优质的人力资源，才能保证各项工作的正常开展和企业的长远发展。

2. 招聘工作影响人力资源的流动

企业人员流动会受到多种因素的影响，招聘活动是其中的一个重要因素。招聘时，招聘人员应和应聘者之间有充分的沟通。一方面，企业要了解应聘者的求职动机，选出与企业价值观、企业文化相吻合的员工；另一方面，应聘者要了解企业的战略目标、经营状况、价值观和文化等，双方如果能沟通充分，就能有效降低人力资源的流动率。

3. 招聘工作是企业树立社会形象的重要渠道

招聘工作要进行严密的策划。招聘时，企业要和人力资源中介机构、新闻媒体、高等院校和政府部门等多方联系，招聘人员素质的高低和招聘活动的成功与否都会影响外界对企业形象的评价。企业可利用精心策划的招聘活动，向应聘人员展示企业的实力和发展前景，同时表明企业对优秀人才的渴望。因此，成功的招聘工作，会使企业在求职者心中留下美好的印象。

二、人力资源招聘的原则

为把招聘工作做好，真正选到企业所需的人员，在招聘工作中必须按照人力资源管理的客观规律办事，遵循反映这些客观规律的科学原则去开展工作。

（一）因事择人原则

所谓因事择人，就是员工的选聘应以实际工作的需要和职位的空缺情况为出发点，根据职位对任职者的资格要求选用人员。

（二）能级匹配原则

招聘应本着因职选人、因能量级的原则，既不可过度追求低成本，造成小材大用，也不可盲目攀比，造成大材小用。小材大用会导致贻误工作，而大材小用则会导致学历虚高或是人才高消费。能级匹配原则要求在招聘中"不求最好，但求合适"，即在合适的基础上要给岗位胜任度留有一定的空间，挑选既能较大程度满足岗位能力需求，又能具备一定的提升空间和培养潜力的人才，使其"永远有差距，永远有追求"。坚持能级匹配原则可以有效提高人员稳定性，减少新员工流失率。

（三）德才兼备原则

人才招聘中必须注重应聘人员的品德修养，在此基础上考察应聘者的才能，做到以德为先，德才兼备。

（四）用人所长原则

所谓用人所长，是指在用人时不能够求全责备，管理者应注重发挥人的长处。完全意义上的"通才""全才"是不存在的，即使存在，企业也不一定非要选择这种"通才"，而应该选择最符合空缺职位要求的候选人。

（五）"宁缺毋滥"原则

可招可不招时尽量不招，可少招可多招时尽量少招。因为招聘来的人不一定能充分发挥其作用，而企业则是创造效益的集合体。因而，制定招聘决策时一定要坚持"宁缺毋滥"的原则，一个岗位宁可暂时空缺，也不要让不合适的人占据。

三、影响招聘工作的因素

影响招聘的因素虽然有很多，但从来源看不外乎企业外部、企业内部和求职者个人三方面因素，这些因素制约和影响着企业招聘人员的来源、招聘方法、招聘标准和招聘效率等。

（一）外部因素

1. 国家的政策法规

国家的法律法规和政策规范会制约企业的招聘活动，从客观上界定了企业人力资源招聘对象的选择。例如，《中华人民共和国劳动法》明确规定了劳动者平等就业和选择就业的权利。法律规定，凡是具有劳动能力和劳动愿望的劳动者，不分民族、性别和信仰等，享有平等的就业权，劳动者有权根据自己的专长和兴趣爱好自愿参加用人单位的招聘，并自愿协商劳动合同期限；企业的招聘信息中不能涉及性别、民族和年龄的特殊规定，除非证明这些是职位所必需的。由此可见，国家的法律规定对企业的招聘活动起着限制和约束作用。

2. 劳动力市场的状况

劳动力市场的人才供求状况在很大程度上影响企业招聘的效果。当劳动力比较富足、处于供大于求的状况下，企业在招聘时选择的余地就会比较大，成功的概率也会比较高；相反，如果人才比较紧缺，则招聘的难度就会增大。另外，劳动力市场的发展状态对招聘也有很大影响。一般而言，一个国家和地区的劳动力市场越发达，市场对人才的配置作用越强，企业外部招聘成功的可能性就越高。

3. 竞争对手的政策

应聘者在求职时通常会进行行业和企业多方面的比较，在权衡待遇、发展前景和企业文化等因素后，才会作出最终决策。如果竞争对手的招聘政策更具有竞争力，则会客观上增大招聘的难度，影响招聘的效果。因此，企业要了解竞争对手的招聘政策，在自身可承受的能力范围内取得与竞争对手的比较优势。

4. 技术进步的状况

技术进步对招聘的影响，主要体现在以下三个方面：一是技术进步引起招聘职位分布以及职位技能技巧要求的变化；二是技术进步对招聘数量变化的影响；三是技术进步对应聘者素质的影响。随着技术的进步，行业、产业等的分布和就业职位需求的分布也会发生相应的变化。

（二）内部因素

1. 企业的实力和形象

良好的企业形象能够对应聘者产生积极影响，激发他们对空缺职位的兴趣。因此，企业在公众中的声望越高，就越容易吸引大批的求职者。大型的跨国企业、知名的品牌大公司，都能凭借自己的实力和声望吸引大量的求职者。实力较强的企业，能够给员工提供较好的物质待遇和完善的福利保障，以及培训学习的机会和良好的自我发展空间，这也是吸引人才的重要因素。

2. 企业的用人政策

企业的用人政策对招聘有直接的影响。有些企业注重员工的能力，认为能力比专业知识更重要，不拘一格录用人才。而有些企业则强调员工的价值观，认为只有和企业价值观一致的人才，才能真正融入企业。企业的高层决策者还决定了企业在招聘时是选择内部渠道还是外部渠道。有些企业倾向于外部招聘，认为只有从外界不断补充优秀人才，才能激发现有员工的工作积极性。有些企业倾向于内部招聘，认为现有员工更加可靠，能够更快地适应新的工作岗位。

3. 招聘的预算

招聘要兼顾成本和效益两个方面，既要保证企业在规定的时间内招到合适的人才，又要尽量降低招聘的成本。因此，招聘的预算直接影响招聘的效果。如果企业的招聘资金很充足，发布招聘信息时就可以选择影响力更大的媒体；相反，有限的招聘资金会使招聘渠道和方法的选择大大减少，从而影响招聘的效果。

（三）求职者个人因素

1. 求职者的教育背景和家庭背景

毋庸置疑，求职者的教育背景对求职者的择业具有重要影响，进而影响企业的招聘。这种影响主要表现在以下两点：① 求职者所学的专业是其选择职业的主要影响因素；② 求职者所受的教育程度是其择业期望值的重要影响因素。受教育程度越高，应聘者越趋向于选择较高的职位，很难"低就"；反之，求职者对职位的期望值就较低。

求职者的家庭背景对其择业的影响表现在：求职者家庭成员的职业、家庭的经济状况、家庭教育等方面。例如，我们经常可以见到的"教师之家""艺术世家"等，都证明了家庭背景对求职者择业具有很大的影响。

2. 求职者的经济压力

求职者的求职动机与经济压力之间成正比关系，在职人员求职动机远比没有工作的人要弱,因为他们的经济压力相对较小。除了求职者是否有工作之外,求职者的个人经历和家庭条件等也决定了其经济压力的大小,进而影响企业的招聘工作。

3. 求职者的工作经验

从企业方面来看,招聘有经验的人员可以在短时间内给企业带来效益,用人单位也不必花费高成本从技能方面重新培养人才,节约了企业的经营成本。接受过多种专业训练或有着多年相关工作经验的求职者,对职位的要求会高于没有相关经历和技能的求职者。

4. 求职者的职业期望

每一个求职者都有自己的职业期望,有的人期望高一些,有的人期望低一些;有的人胸怀大志,有的人不求上进;有的人好高骛远,不切实际,有的人脚踏实地,一步一个脚印。但不管怎样,这些期望都会影响求职者的择业,进而影响企业的招聘工作。

第二节 人力资源招聘的流程与渠道

一、人力资源招聘的流程

人力资源招聘的流程是指企业内出现职位空缺到候选人正式到岗的整个过程。招聘工作同时涉及人力资源管理部门和用人部门,其流程包括招聘需求分析、制订招聘计划、确定招聘策略、招聘实施、招聘评估。

(一)招聘需求分析

分析职位空缺、确定招聘需求是整个招聘活动的起点,只有明确了空缺职位的数量、类型和具体要求，企业才能开始制订招聘计划。人力资源需求通常是由用人部门根据本部门的人员配置情况提出的。由于招聘需求往往受制于企业的人员预算，因此，用人部门应该和人力资源部门根据企业战略发展与实际业务的变化来确定人员的预算，并以人力资源规划、职位分析为基础，最终确定职位的空缺情况。

（二）制订招聘计划

招聘计划是企业招聘的依据，也是人力资源业务规划的重要组成部分。人力资源部门通过定期或不定期招聘企业所需要的各类人才，为企业人力资源系统提供可靠的保证。招聘计划的主要内容包括如下几方面：

1. 招聘的标准

企业人力资源部门和用人部门要进行充分的交流，通过查阅职位说明书，明确所需人员的录用标准和资格条件，这些可从与工作相关的知识背景、工作技能、工作经验、个性品质、价值观和身体素质等方面的情况加以确定。在明确每个方面的具体标准后，还应进一步区分哪些素质是职位要求所必需的，哪些是希望应聘者具有的，只有明确了招聘的标准，才能使招聘的人员符合实际需要。

2. 招聘的范围

招聘的范围是指企业在多大范围内开展招聘工作。招聘范围越大效果越好，但招聘成本也相应增加。因此，招聘范围应该适度。确定招聘范围需考虑两个主要因素：一是空缺职位的类型和企业当地劳动力市场状况。一般来说，在招聘较高层次和特殊性职位的人才时，就需要在较大范围开展，而基层工作人员可以在当地招聘。二是劳动力市场的供求关系。如果当地相关职位的供给比较充足，在本地招聘就可以满足需求；如果供给比较紧张，则要考虑扩大招聘的范围。

3. 招聘的规模

招聘的规模是指企业准备通过招聘活动吸引多少数量的应聘者。招聘计划应该确定招聘录用人数以及达到规定录用率所需要的人员。招聘活动吸引的人数既不能太多，也不能太少，太多会增加招聘的成本和甄选的难度，太少则会限制挑选的范围，影响招聘质量。因此，招聘规模应该控制在一个合理的范围内。

4. 招聘的预算

一般来讲，录用一个人所需要的费用可以用招聘总费用除以雇用人数得出。除此之外，下列的成本计算也是必不可少的：① 人工费用，如招聘人员的工资、福利、差旅费和加班费等；② 业务费用，如电话费、服务费、资料费、信息服务费、广告费和物资及邮资费用等；③ 一般管理费用，如设备折旧费、水电费和办公用具等。

（三）确定招聘策略

1. 招聘渠道的确定

在招聘需求获得批准以后，需要选择合适的渠道和方法来获取职位候选人。招聘工作的效果在很大程度上取决于有多少合格的应聘者前来应聘，来应聘的人越多，企业选择到合适人才的可能性就越大。招聘渠道决定了招聘对象的来源、范围、整体质量和数量等。

2. 招聘人员的确定

在招聘过程中，直接和求职者接触的是负责招聘的人员。因此，从某种意义上说，招聘人员的素质高低对招聘工作有非常大的影响。招聘人员应由人力资源部工作人员、用人单位的负责人、专家等共同组成，企业可视具体招聘职位而定。

总的来说，招聘人员应具备以下四个条件：① 良好的品德和个人修养；② 相关的专业知识；③ 掌握一定的面试技巧；④ 面试时，应持公平、公正、客观的态度去评价所有的应聘者。

3. 招聘时间、地点的确定

从确定职位空缺到最终甄选录用需要一定的时间，为了避免因为人员缺位影响企业正常工作的运行，招聘计划应准确估计从候选人应聘到录用之间的时间间隔，合理确定招聘时间，以保证职位空缺的及时填补。

招聘的地点要根据招聘的具体情况而定。一方面要考虑所招人员的数量和质量，另一方面要考虑招聘的成本。

（四）招聘实施

1. 人力资源招募

人力资源招募是指企业采取适当的方式寻找或吸引胜任的求职者前来应

聘的工作过程。人力资源招募主要有两项任务：一是选择合适的招聘渠道发布招聘信息；二是接受应聘者的咨询，收集求职材料。

企业应当根据不同的招聘岗位，选择不同的信息发布渠道。如果是内部招聘，一般采取内部公告或部门推荐的方式进行。如果是外部招聘，就要分析各种信息发布渠道的效果。信息发布的选择要考虑兼具覆盖面广和针对性强两个方面。覆盖面广，接受招聘信息的人数多，"人才蓄水池"就大，找到合格人选的概率就加大；针对性强，可以使符合特定岗位的特定人群接收到信息，有助于提高招聘的效率和效益。企业应综合考虑招聘岗位的特点（如工作内容、职位要求、应负责任、任职资格等）、招聘时间和地点以及招聘成本等因素，采取最有效的方法来发布企业的招聘信息。招聘人员要及时整理应聘人员信息，如发现应聘者数量不足或质量不高，则应及时改变信息发布的渠道和方法。在求职者提交了求职资料后，招聘人员还要及时收集和整理求职资料，以便为下一步开展甄选工作做准备。

2.人力资源甄选

人力资源甄选是指采用科学的方法，对应聘人员的知识能力、个性特征品质和动机等进行全面了解，从中选出最符合空缺岗位要求人选的过程。一般要经过初步筛选、甄选测试、面试和背景调查、体格和体能检查以及录用决策等环节。甄选程序部署不是绝对的，要视企业规模、岗位性质和工作要求的不同而决定甄选的程序。甄选内容必须是测试应聘者未来工作表现优劣的有关内容，应尽量避免一些与工作无关的私人问题。甄选环节是整个招聘工作中最复杂、最艰难的一个阶段，直接决定企业招聘工作的效率和效果。

3.人力资源录用

人力资源录用是招聘活动中最重要的阶段，它是企业经过层层筛选之后作出的慎重决策。人力资源录用工作的主要任务就是提出录用决策。根据录用决策的结果，通知录用人员报到，安排上岗前的培训，签订劳动合同或聘任合同，并安排一定期限的试用期对录用人员进行实际考察，其中企业还要对录用文件进行制作和妥善管理。

（五）招聘评估

招聘评估是指企业按照一定的标准，采用科学的方法，对招聘活动的过程及结果进行检查和评定，总结经验，发现问题，在此基础上不断改进招聘方式，提升招聘效率的过程。招聘评估主要包括招聘成本评估和投资收益评估两个方面。

招聘评估是招聘程序中的最后一个环节，也是最容易被忽视的环节。任何一次招聘都会存在这样或那样的问题，如招聘渠道或方法选择不当，招聘地点不当，选人标准过高或过低等，都会影响招聘成本和招聘效果。在招聘活动结束后，要对招聘工作做一次全面、深入、科学和合理的评估，可以及时发现问题并加以解决，同时为改进后续的招聘工作提供依据。

以上介绍了企业招聘工作过程的五个阶段及各个阶段应完成的主要任务。当然，这个程序不是固定不变的。企业在招聘的具体操作过程中，可以根据实际情况的需要，对其中的一两个环节进行变通，灵活安排，以节省招聘成本，提高招聘效率。

二、人力资源招聘的渠道和方法

（一）内部招聘

内部招聘就是从企业内部现有的员工中选拔合适的人才来补充空缺或新增的职位，这实际上是企业内部的一种人员调整。在进行人力资源招聘工作时，企业内部调整应先于企业外部招聘，尤其对于高级职位或重要职位的人员招聘工作更应如此。

1. 内部招聘适用的条件

内部招聘有其自身的特殊性，企业要根据自身的实际情况和岗位的实际需求来决定是否采取内部招聘。一般说来，企业进行内部招聘要基本具备以下条件：

（1）企业内有充足的人力资源储备

企业如果能够在平时注重人才的积累和储备，有自己的人才蓄水池，一旦发生岗位空缺，就能有足够的人员迅速补充上来，从而减少因人才流失带来的损失。

（2）内部的人力资源质量能够满足企业发展的需要

一方面，企业要有充足的人才储备，即要有数量上的保证；另一方面，员工能力也能达到企业的要求，即要有质量上的保证。

（3）要有完善的内部选拔机制

公平、公正的内部招聘机制可以帮助企业选拔出符合实际需要的员工，激发现有员工的工作积极性。

2. 内部招聘的优势

通过内部渠道选拔合适的人才，可以调动和发挥企业中现有人员的工作积极性，同时也能加速人员的岗位适应性，简化了程序，减少了招聘和录用时的人力、财力等资源支出，也缩短了培训期，减少了培训费用。当一个企业注重从内部招聘和提升人员时，其员工就有了为取得更好的工作机会而努力的动力。具体来说，内部渠道招聘的优势体现在以下四个方面：① 内部招聘可以节省时间和成本。② 内部招聘的员工相对更加可靠。③ 内部招聘有助于提高效率。④ 内部招聘有利于激励员工。

3. 内部招聘的劣势

内部招聘的劣势，主要表现在以下几个方面：① 容易"近亲繁殖"，不利于企业的内部竞争和长期发展。② 可能影响团结，甚至因为竞争和其他员工产生矛盾。③ 不利于创新，容易发生"群体思维""长官意志"现象。④ 可能因领导好恶而导致优秀人才外流或被埋没，也可能出现"裙带关系"，滋生企业中的"小帮派""小团体"，进而削弱企业效能。

4. 内部招聘的主要方法

（1）内部晋升和工作轮换

内部晋升是指企业从内部提拔员工补充到高一级的空缺职位。晋升是企业内部招聘的重要方法，能够促进企业人力资源的垂直流动，激发企业内其他员工的士气，促进企业的工作效率不断提高。工作轮换主要是企业内人员的横向流动，一般是指职务级别不变的情况下，在企业内轮换工作岗位。工作轮换有助于员工拓展自己的知识面，获得更多的实际经验。

内部晋升和工作轮换是建立在系统、有序基础上的内部职位空缺补充的方法。实行内部招聘时，首先，要建立一套完整的职位体系，明确不同职位的关键职责、职位级别以及职位的晋升与轮换关系，指明哪些职位可以晋升到哪些职位，哪些职位之间可以轮换；其次，要在对员工绩效考核的基础上建立员工的职业生涯管理体系，建立员工的发展档案，了解员工的职业发展愿望，帮助员工建立个人的职业发展规划,根据员工的发展愿望和发展可能性进行有序的岗位轮换。

(2)工作告示法

工作告示法是最常见的内部招聘方法,它是一种向员工通报现有工作岗位空缺的方法。在企业内部,通过布告栏、内部报刊、内部网站等渠道公布招聘信息。工作告示的内容包括工作职责、空缺职位的资格要求、薪酬水平、直接上司和工作时间等情况。

(3)内部推荐

内部推荐是指当员工了解到企业出现职位空缺时,向企业推荐其熟悉的内部人员并进行考核的一种方法。这种方法的优点是员工对任职资格比较了解,推荐的人也是比较符合要求的。另外,出于对引荐者的尊重,被推荐者一般不会轻易辞职。

(4)人才库和继任计划

许多企业都有一个相对完善的人才库,当出现职位空缺时,企业可以利用人才库中的档案信息进行招聘。大型的企业还会有继任计划,为企业中的一些重要岗位培养接班人。

(二)外部招聘

外部招聘是从企业外部获得所需的人员。当企业的产品和技术更新换代较快,来不及培养内部人才适应新的技术需要,企业内出现职位空缺而没有合适的内部应聘者,或内部人员不能满足招聘人数时,就需要从企业外部招聘。

1. 外部招聘适用的条件

第一,企业为了获取内部员工不具备的技术、技能等。

第二,企业出现职位空缺,内部员工数量不足,需要尽快补充。

第三,企业需要能够提供新思想、新观念的创新型员工。

第四,企业为了建立自己的人才库。

第五,和竞争对手竞争一些具有特殊性、战略性的人才。

2. 外部招聘的优势

第一,可为企业带来不同的价值观和新观点、新思路、新方法。新鲜血液有利于企业拓宽视野,能够加快企业技术革新步伐。同时,外聘的优秀技术人才、营销专家和管理专家，他们将带给企业技术知识、客户群体和管理技能，这些关系资源和技术资源对企业的发展来说是至关重要的。

第二，能激发现有员工的积极性。外聘人才可以在无形之中给企业原有员工施加压力，形成危机意识，激发斗志和潜能，从而激活企业的肌体，使企业肌体保持活力。

第三，外部招聘比内部培养更快捷、更高效。外部渠道广阔，挑选的余地大，能招聘到许多优秀人才，尤其是一些稀缺的复合型人才，同时，还可以节省大量内部培养和培训的费用，促进人才的合理流动。

第四，外部招聘受现有企业人际关系的影响相对较小。

3. 外部招聘的不足

外部招聘也不可避免地存在不足，具体有以下表现：① 人才的获取成本高。② 外部招聘的人员可能出现"水土不服"的现象，不能适应该职务或无法融入企业文化之中。③ 新员工需要较长时间的适应和调整。④ 可能导致内部未被选拔人员士气低落，挫伤有上进心、有事业心的内部员工的积极性和自信心，或者引发内外部人才之间的冲突。⑤ 可能使企业沦为外聘员工的"跳板"，甚至会泄露企业的一些商业机密等。

4. 外部招聘的主要方法

（1）广告招聘

广告招聘是指通过广播报纸、杂志和电视等新闻媒体向社会大众传播招聘信息，以详细的工作职责和任职资格的介绍吸引潜在的符合条件的应聘者。不同的广告媒体具有不同的特点。广告招聘的特点是信息传播范围广、速度快，应聘人员数量大、层次丰富，企业的选择余地大，同时有广泛的宣传效果，可以展示企业实力，树立企业形象。但广告招聘有时较低效，因为它们不能传达到最适合的候选人——目前并不是正在寻找新工作的优秀人士。此外，广告费用不菲，且由于应聘者较多，招聘成本也随之增加。

（2）人才招聘会

人才招聘会是一种比较传统也是最常用的招聘方式。招聘会搭建了求职者和用人单位沟通的桥梁，通过这种直接见面交流的方式，实现人才和用人单位的双向选择。招聘会一般分为两类：一类是专场招聘会，它是企业面向特定群体或需要招聘大量人员而举办的；另一类是非专场招聘会，这类招聘会往往是由某些中介机构企业（如人才交流中心等）及用人单位参加的招聘会。

企业参加非专场招聘会，需要了解招聘会的档次、对象、企业影响力等信息。这种方法的优点是避免了信息传递过程中的失真现象，达到了初步了解的目的；不足之处在于费用比较高，需要投入大量的人力、物力和财力，同时也受到招聘会召开时间的限制。

（3）校园招聘

对于大多数企业来说，面向校园招聘员工也是一种普遍采用的招聘方法。高等院校日益成为各用人单位招聘足够数量高素质人才的广阔市场。在校园招聘的过程中，大型企业可以通过举办大型专场招聘会的方式进行招聘，而一般企业会选择校园广播、网络、公告栏或学院推荐等方式进行招聘。校园招聘的不足主要表现在：一是招聘受时间的限制，一般一年只能招聘一次，当企业急需人才时，这种方法难以满足要求。二是学生普遍缺乏实际的工作经验。一般来说，校园招聘的对象主要是应届毕业生，他们在学校的学习主要以书本的理论知识为主，缺乏实践环节的训练，需要经过一定的培训才能真正发挥作用。

（4）猎头公司招聘

猎头公司是指为企业寻找高级人才的服务机构。猎头公司一方面为企业搜寻有经验和特殊才能的高级人才信息，另一方面也为各类高级人才寻找合适的工作。猎头公司一般都拥有自己的人才数据库，他们掌握求职和招聘的信息，熟悉各类企业对特殊人才的需求。因此，企业通过猎头公司进行招聘的成功率较高。猎头公司在接受客户委托以后会主动接触候选人，对候选人进行面谈或其他方式的测评，并通过各种途径对候选人进行背景调查，向客户提供候选人的评价报告。猎头公司主要是为企业服务的，无论企业最终是否聘用猎头公司所提供的候选人，企业均需支付相应的费用。猎头公司的收费通常能达到所推荐人才年薪的 20%～30%。

目前，猎头公司在中国还是一个新兴的行业，还有许多地方需要进一步规范和完善。企业在选择猎头公司进行招聘时，一定要小心谨慎。要注意考察猎头公司的资质，要明确双方的责任和义务。

（5）网络招聘

随着网络的普及和计算机技术的发展，网络招聘的方式已经越来越广泛地被企业采用。同时，互联网不仅是一个在网上发布招聘广告的平台，而且是一个具有多种功能的招聘服务系统。用这种招聘方法传递的信息快捷而准确，影响的范围很广，费用低廉。通过互联网招聘的途径有以下两种：① 专业招聘网站。专业招聘网站同时为企业和个人服务，提供大量的招聘信息，并且提供网上的招聘管理和个人求职管理服务。② 企业网站的招聘专栏。无论从效益还是从费用的角度，企业在自己的网站上制作精美的招聘网页，都是极具优势的。企业网站应该成为企业与人才互动交流的窗口。

第三节　人力资源甄选

一、人力资源甄选的含义

人力资源甄选，即人力资源选拔，是指通过一定的工具和手段对已招募到的求职者进行鉴别和考察，对应聘人员的知识、能力、个性特征、品质和动机等进行全面了解，从中选出最符合空缺岗位要求人选的过程。为了对应聘者的知识水平、能力、专业兴趣和个性特征等多方面的情况有比较全面深入的了解，企业应借助不同的方式来甄选合适的人才。有效的人员甄选可以降低企业人力资源招聘的风险，有利于企业人力资源的优化配置与管理。

二、人力资源甄选的程序

企业人力资源甄选通常由人力资源部门和用人部门共同完成。人力资源甄选主要包括以下环节：首先，对求职者的求职材料进行审核。根据录用标准排除明显不合适的人选，确定需要进一步面试的人选，并发出面试通知。其次，按照预定的笔试或面试流程和方案对应试者进行一系列的遴选测试，挑出最合适的人选。最后，将筛选结果送交用人部门和主管部门进行审核，并决定是否录用。

简历筛选要点：① 简历的内容是否完整。一份完整的简历一般要包括个人基本信息、受教育的经历、工作经历、工作业绩、性格特征和求职意向等。② 简历中个人的信息是否满足职位的要求。要重点考察应聘者的专业背景和工作经历是否与空缺职位相吻合。③ 简历是否存在有疑问的地方。有些求职者为了得到工作机会，会在简历中虚夸自己的工作业绩，虚构自己的工作经历，或者回避一些关键性的问题，筛选时应注意鉴别。④ 简历的结构是否合理、设计是否美观。这些都能反映求职者的性格和习惯。

三、人力资源甄选的方法

（一）心理测试

1. 心理测试的含义

心理测试是指运用心理学的相关理论和方法，通过科学、客观、标准的测量手段对应聘者的智力水平和个性特征进行测量、分析、评价，据以预测被测试者与拟任职位的匹配程度，以达到甄选的目的。

个体的心理活动和心理特征是很难用直接测量的手段来度量的，我们只有通过对心理特征的外显结果——行为进行测量，才能推知个体内部的心理活动状态和心理特征。因此，心理测量的对象实际上是行为样本，而不是心理状态。这种由行为表现到心理状态的推论并不是主观随意的，它必须在成熟的心理学理论的基础上，采用客观、科学的方法进行推断。

在测试中要注意测试的信度与效度。信度是指测试结果的可靠性和一致性的程度。也就是说，用同样的测试方式或者类似的测试方式，在不同的时间对同一个人进行测试的结果的一致程度。效度也叫有效性或正确性，是指测试方法测量出的所需要测量内容的程度。也就是说，它在多大程度上能测量出想要测试的内容。为了保证甄选录用的效果，测试方法必须同时具有较高的信度和效度。

2. 常用的心理测试方法

(1) 自陈量表法

自陈量表法又称问卷法，即依据事先编制好的人格量表（若干问题），由应试者本人挑选适合个人人格特质的答案，然后从量表上汇聚分数，来判断应试者人格类型的一种方法。

自陈量表中最盛行的是明尼苏达多项人格测验（MMPI）。该测验列出550项题目，涉及26个方面的问题。例如，我渴望获得成就，我常常不信任他人，我常常怀疑自己的能力，我不喜欢主动与别人交往，我常常容易激动，我有时也说谎，我常常做噩梦，等等。被试者对这些问题按"是"或"不是"来回答，招聘人员则据此对被试者的人格特征作出评价。

(2) 投射测试法

投射测试法是指把那些无意义的、模糊的和不确定的图形、句子、故事、动画片、录音哑剧等呈现在被测试者面前，不给任何提示、说明或要求，然后问被测试者看到、听到或想到了什么。投射测试源于临床心理学和精神病治疗法，作为诱导被试者内心思想情感的一种手段，每当不宜直接提问或不宜暴露真正的研究目的时，便可以采用投射测试。

投射测试的最大优点在于主试者的意图藏而不露，这样就创造了一个比较客观的外界条件，使测试的结果比较真实，可以深入了解被试者的心理活动。它的缺点是其过程分析比较困难，需要有经过专门培训的主试。因此，企业在员工招聘中运用投射测试法的次数比较少，只有在招聘高层次的管理人员时才考虑运用。

(3) 心理实验法

心理实验法是指有目的地控制或者创造一定条件来引发个体的心理活动，以此来进行测量的一种科学方法。心理实验法可以分为两种：一种是实验室实验法，另一种是情景实验法。

实验法的优点是比较客观，针对性强，但是它设计困难，费用相对较高。

3. 心理测试的种类

(1) 认知能力测试

认知能力测试包括一般能力测试和能力倾向测试。一般能力测试即智力测试。一般能力包括思维能力、想象能力、语言能力、推理能力、判断能力和协调能力等。一般通过词汇、相似、相反、算术计算和推理等类型的问题进行评价。

（2）能力倾向测试

能力倾向测试是测定被测试者从事某种特殊工作所具备的能力的一种心理测试。人才选拔中的能力倾向测试主要包括语言理解能力、数量关系能力、逻辑推理能力、综合分析能力、知觉速度和准确性等。

（3）成就测试

成就测试又称为熟练性测试或学绩测试，它通常是对被试者在接受了一定的教育或训练之后而进行的测试。测试目的是考察被试者在多大程度上掌握了那些对于从事某种具体工作而言非常重要的知识或技能。

（4）人格测试

人格测试也称个性测试，人格测试主要用于测量性格、气质、兴趣、态度、品德、情绪、动机信念、价值观等方面的个性心理特征。一个人的人格对其工作成就的影响是极为重要的，不同气质、性格的人适合于不同种类的工作。对于一些重要的工作岗位，如主要领导岗位，为选择合适的人才，通常需要进行人格测试。

（二）纸笔测试

纸笔测试是指以书面形式的测试工具，主要侧重于评定学生在知识方面学习成就高低或在认知能力方面发展强弱的一种评价方式。这类评价方式包括：传统的考试、教师自编成就测试、标准化成就测试或其他作为教学评价辅助工具用的各种心理测试等。

在人事测量中，标准化纸笔测试的应用最为广泛。标准化纸笔测试一般有事前确定好的测试题目和答卷，以及详细的答题说明，测试题目往往以客观题居多，但也有不少是主观自陈评价题。有的题限定时间，有的则不限定时间。被试的任务一般很简单，只需按照测试的指示语回答问题即可。一个标准的纸笔测试系统还包括客观的记分系统、解释系统、良好的常模，以及值得信服的项目分析数据。

纸笔测试实施方便，既经济又省时，评分也较为客观、迅速，是一种有效的资料收集方式。受测试形式的制约，它无法对被测者实际的行为表现进行测量，如言语表达能力、操作能力等。纸笔形式测试并不能完全避免考试技巧和猜测因素的影响，也往往无法完全解决应试者掩饰自己真实情况的问题。

（三）面试

面试是一种经过精心设计，在特定场景下，以面对面的交谈与观察为主要手段，以便了解被测试者的心理素质和潜在能力的一种测试方法。面试是招聘甄选的一个重要环节，也是企业最常用的一种甄选方法。通过面对面的交流和沟通，使双方都能加深了解，并能获得更多真实的信息。

1. 面试的主要内容

面试的内容需要根据具体的岗位来确定，但一般来说，面试大致有以下一些内容：

（1）工作兴趣

如申请工作的动机，对该职位的了解程度，现具备哪些资格条件等。

（2）当前的工作状况

如现在的职务；为什么申请新的工作；如果被录用，何时能到岗等。

（3）工作经历

如最近的工作单位、地点、职务和职责等；曾经在哪些公司担任过什么职位、主要职责、待遇、离职的原因等。

（4）教育背景

如接受过何种教育培训等。

（5）特长爱好

如是否喜欢旅行、看书等。

（6）个人问题

如是否能适应出差、自身的优缺点等。

2. 面试的种类

按照不同的划分方法，面试主要有以下几类：

（1）按照面试的结构划分

第一，结构化面试。结构化面试是指提前准备好各种问题和可能的答案，要求应聘者在问卷上选择答案。结构化面试的优点是对于所有的被面试者都回答同样的问题，有统一的评分标准，便于分析和比较，一般适用于初次面试。

结构化面试的缺点是缺乏灵活性，局限了谈话的深度，很难做到因人而异。

第二，非结构化面试。非结构化面试是指没有固定的格式，没有统一的评分标准，所提问题因人而异，根据现场情景设计开放性问题的一种面试方法。其优点是可以根据应聘者陈述的内容灵活地提问和面谈，有利于更加全面地了解应聘者的情况；缺点是主观性较强，没有统一的标准，可能会影响面试的信度和效度。

第三，半结构化面试。半结构化面试是介于结构化面试和非结构化面试之间的一种面试方法。其主要特征是提问和回答可以不按固定的格式和程序进行，一部分问题是可以探讨的非固定问题，一部分则是事先设计的一系列固定的问题。

（2）按照面试的组织方式划分

第一，一对一面试。这是一种比较常用的面试方法，面试考官和应聘者两个人单独进行面谈，一个人口头提问，一个人进行回答。

第二，小组面试。当应聘者较多时，可将其分为若干小组，就一些问题展开讨论。主考官可在一旁就应聘者的表达能力、领导能力、逻辑思维能力、环境控制能力等进行观察评价。这种方法有助于了解应聘者在参加小组活动时的人际关系能力，也可以节省面试的时间。

第三，主试团面试。主试团面试是由几个面试考官同时对一个应聘者进行面试。主试团面试的优点是为参与录用决策的人员提供了同等的机会审查被面试者，每位面试考官可以从不同的角度提问，节省了系列面试时所花费的时间和精力。主试团面试的缺点是会给被面试者带来额外的压力，可能会妨碍被面试者水平的发挥。

3. 面试的过程

（1）面试前的准备阶段

首先，确定面试者。根据条件和要求，面试者一般由企业人力资源部门和用人部门共同组成。其次，回顾职位说明书。面试前，要了解的信息是职位的主要职责以及任职者在知识、能力、经验、个性特点、职业兴趣取向等方面的要求，尤其是要了解胜任这个职位的关键条件。同时，应了解该职位在工作中的汇报关系、环境因素、晋升和发展机会、薪酬福利等信息。再次，阅读应聘材料和简历。一是熟悉被面试者的背景、经验和资格，并将其与职位要求和工作职责相对照，对被面试者的胜任程度作出初步的判断；二是发现被面试者的应聘材料和简历中的问题，供面试时讨论。最后，明确面试的时间和场所。提前明确面试时间，可让应聘者做好充分的准备，也可避免和企业的其他工作时间相冲突，保证面试的顺利进行。面试地点应该尽量安排在应聘者方便寻找的地方。面试场所应当宽敞、安静、整洁，给应聘者提供一个舒适的环境。

（2）营造适宜气氛

为了营造一种轻松、融洽的面试氛围，面试者和应聘者可以先进行一些与面试内容无关的寒暄，以缓解面试紧张的气氛，帮助应聘者尽快进入面试状态，发挥其正常的水平。

（3）正式面试阶段

提问是面试的主要环节，通过提问、倾听和观察，面试者要着重收集应聘者能够胜任应聘岗位的能力方面的关键信息，并依据这些信息作出基本的判断。

一般的提问方式有以下几种：

① 封闭式提问。封闭式提问是指让应聘者对问题作出明确的答复，以"是"或"不是"来作出简单的回答。这种提问方法只是为了明确某些不太确实的信息。

② 开放式提问。这是一种鼓励应聘者自由发挥的提问方式，让应聘者自由发表观点和看法，以获取相关信息。根据应聘者的表现，就其逻辑思维能力、语言表达能力等进行综合评价。

③ 假设性提问。这是一种虚拟的提问方式，鼓励应聘者从不同的角度思考问题，充分发挥自己的主观想象力，以考察应聘者的应变能力、思维能力和解决实际问题的能力。

④ 压迫性提问。主要是考察应聘者在压力下的反应和心理承受能力。提问可以从应聘者前后矛盾的谈话中引出，给应聘者造成一种困境和压力。

⑤ 引导式提问。当涉及工资、福利、工作安排等方面的问题时，通过引导式提问可以收集到应聘者的意向、需要等方面的信息。

⑥ 连串式提问。通过一连串的提问来考察应聘者的反应能力、逻辑思维性、条理性和情绪稳定性。

（4）面试的评价反馈阶段

面试结束后，要将面试结果通知应聘者本人，对录用人员发布"试录用通知"，对没有被接受的应聘者发出"辞谢书"。另外，要注意将面试资料存档备案，以备查询。

4. 面试的技巧

（1）抓住行为性问题提问

行为性问题是指与过去行为有关的问题。面试提问时多问行为性问题，让应聘者用其行为实例来回答，避免提出那些直接让应聘者描述自己的能力、特点、个性的题目。因为一个人过去的行为最能预示其未来的行为，抓住行为性问题提问可以获取有价值的、真实的相关信息。

（2）积极有效的倾听

面试者在面试过程中除了善于有效地运用各种问题之外，还必须做一个好的听众。为了做到积极有效的倾听，面试者必须注意以下几点：

第一，少说，多听。在面试的过程中，面试者讲话的时间应该不超过30%。在这段时间内，面试者可以向被面试者提问，了解被面试者的工作经历与能力，澄清某些疑问，向被面试者提供关于企业和职位的信息，回答被面试者提出的问题。而被面试者讲话的时间应该占70%，在这段时间里，面试者应该积极倾听。

第二，善于听取要点。在被面试者讲话的时候，面试者也没必要一字一句地记下来，而是要善于听出被面试者讲话中与工作相关的信息。特别是有的被面试者语言表达能力不强，回答问题总是不能切中要领，就更需要从他的回答中提取有关内容。

第三，及时总结和确认。由于被面试者常常不能一次性提供一个问题的全部答案，或者经常从一个问题跳到另一个问题，因此，面试者要想得到一个问题的完整信息，就必须善于对被面试者的回答进行总结和确认。

第四，排除各种干扰。在面试过程中可能会遇到一些干扰，无论发生什么样的情况，面试者都应该控制自己，积极倾听被面试者的回答。

第五，不带个人偏见。作为一名面试者，最忌讳的就是在面试的时候带有个人偏见。例如，不喜欢被面试者的长相和穿着，或者觉得被面试者的声音比较怪等。这些个人的偏见都会影响面试对所获得信息的加工。

第六，倾听并注意思考。有效的倾听者绝不是在听的时候只使用自己的耳朵，而是同时在进行思考。科学研究表明，人的思考速度大约是每分钟400个字，而说话的速度则是每分钟100个字。这就说明想比说快得多，因此在被面试者讲话时，面试者有足够的时间进行思考。

（3）注意非语言信息

在面试中，传递的除了语言信息外，也在传递非语言信息。在非语言信息沟通中要把握好眼神、手势与姿态语言，并结合到具体的环境中，考虑这些手势和姿态表达了什么样的意义。面试者要用好非语言暗示，如适当的眼神接触，亲切地看着应聘者；身子往前倾，表示我尊重你、我在听；适当点头且微笑，表示真心赞许；手心向上，表示鼓励他继续讲；手心向下按压，暗示他停下来。最忌讳的就是双手抱着，放在胸前，表示拒绝。

（四）评价中心测试

评价中心是一种包含多种测评方法和技术的综合测评系统。一般而言，它是针对特定的职位来设计、实施相应的测评方法与技术。通过对目标职位的工作分析，在了解岗位的工作内容与任职要求的基础上，事先创设一系列与工作高度相关的模拟情景，然后将被试纳入该模拟情景中，要求其完成多种典型的管理工作，如主持会议、处理公文、商务谈判、处理突发事件等。在被试按照情景角色要求处理或解决问题的过程中，主试观察和分析被试在模拟的各种情境景力下的心理、行为表现，测量和评价被试的能力、个性等特征。

1. 评价中心的优点与缺点

（1）评价中心的优点

评价中心测试的优点表现在以下几个方面：

第一，可靠性。评价中心测试综合使用了多种测评技术，如心理测试、能力测试、面试等，并由多个评价者进行评价。不仅能很好地反映被评价者的实际工作能力，还可以测评被评价者其他方面的各种能力和素质，能够对被评价者进行较为可靠的观察和评价。

第二，动态性。将被评价者置于动态的模拟工作情景中，模拟实际管理工作中瞬息万变的情况，不断对被评价者发出各种随机变化的信息，要求被评价者在一定时间和一定情景压力下作出决策，在动态环境中充分展示自己的能力和素质。

第三，现实性。评价中心测试注重发现被评价者对新工作岗位的适应能力，而不太看重其以往的工作经历；更多地测量被评价者实际解决问题的能力，而不是他们的观念和知识。

第四，客观性。评价中心法所采取的手段很多是真实情景的模拟，被评价者的活动都与拟任的工作岗位有关，被评价者的表现比较接近于真实情况，造假的可能性极低。

（2）评价中心的缺点

当然，评价中心测试也存在一些明显的不足，主要表现在以下几方面：

第一，成本较高。实施评价中心测试的时间成本和费用成本都比较高，一般只适用于选拔和物色较高层次的管理者。

第二，主观程度较强。在评价中心测试所采用的情景性测试中，制订统一的评价标准比较困难，因此评价的主观性程度较高。

第三，实施较为困难。评价中心测试由于模拟情景的复杂程度较高，对任务的设计和实施中的要求也比较高，因此实施起来相对较难。

2. 评价中心测试的主要形式

（1）公文筐测试

公文筐测试是一种针对管理职位实施的测试方法，模拟了管理人员日常进行的公文处理情境，设计出一系列管理者所处真实环境中需要处理的各类文件，如通知、报告、请示、待审批签发的文件及各种抱怨投诉等，要求被测试者扮演某一管理人员的角色，并在规定的时间内处理完成。处理完成后，还要填写行为理由。这种测评方法具有较高的信度和效度，可以考察被测试者的计划组织、判断分析、决策和文字表达能力。

（2）无领导小组讨论

无领导小组讨论就是把几个应聘者组成一个小组，给他们一个议题，事先并不指定主持人，让他们在规定的时间内展开讨论，以解决这个问题。

无领导小组讨论是评价中心法中经常采用的一种测评技术。在实施过程中，招聘方不布置会议议程，不提出具体要求，不参加讨论，主试人只是观察和评估测评试者在讨论中的表现。被测评者根据主试人提出的真实或假设的材料，如有关文件、资料、会议记录、统计报表等，就某一指定题目进行自由讨论，如业务问题、财务问题、人事安排问题、社会热点问题等。最后，要求小组能形成一致意见，并以书面形式汇报。

（3）角色扮演

角色扮演是一种比较复杂的测评方法，它再现了企业中的真实情境，要求被测评者扮演一定的角色，模拟实际工作情境中的一些活动。通过对被测试者在不同角色情境中表现出来的行为的观察和记录，评价被测试者在模拟情境中的行为表现与企业预期的行为模式和职位的要求之间是否吻合。这种方法主要用于评价被测试者的人际关系处理能力、应变能力、控制能力、情绪的稳定程度，以及处理各种问题的方法和技巧。

除此之外，管理游戏、演讲和案例分析等，也是经常被用于评价中心测试的技术。

3. 应用评价中心技术的关键环节

国内引入评价技术的时间比较短，但近年来，许多企业已经开始积极运用这一技术手段，并初见成效。应用评价中心技术的关键环节如下：

（1）明确目标职位的素质要求

测评之前要针对具体企业的目标职位进行分析，确定该职位的能力、知识和动机等素质要求，并界定素质维度定义，作为测评的标准。

（2）精心设计测试方案

首先，选择和完善测试工具。其次，设计素质评价矩阵。最后，制订评价行动计划，包括设计测评流程和测试的时间进度表，并做好测评师的培训工作。

（3）报告和反馈评价结果

测试结束后，测评师要将观察记录进行归类、评估，然后由多个测评师一起对每位候选人在不同测试中的表现进行分析与整合，并撰写测评报告，适当反馈给应聘者。同时，追踪收集相关资料，衡量评价中心结果的信度和效度，进一步改进评价中心的流程。

第四节　人力资源的录用与评估

一、录用的程序

企业根据职位的要求，运用心理测试、面试和评价中心测试等多种方法对职位候选人进行甄选评价之后，就得到了他们的职位胜任素质的信息，根据这些信息就可以作出初步的录用决策。

（一）录用决策

在许多企业中，录用决策一般是由人力资源管理部门具体负责决定，他们常常为用人部门提供经过筛选的候选人名单，由用人部门最终作出录用决策。

在做录用决策时，首先应该考虑能力和岗位的匹配度，最合适的就是最好的，而最好的不一定是最合适的。另外，还要注意以下几点：一是要系统化地对候选人的胜任素质进行评估和比较。如果缺乏系统性的方法，招聘者在做决策时往往只能看到候选人表现比较突出的几个方面，而不能全面关注候选人的所有胜任特征。二是录用标准不要设得太高、太全，而应根据岗位的要求有所侧重。三是初步录用的人选名单要多于实际录用的人数。因为在随后的背景调查、健康检查、人员试用过程中，可能会有一些候选者不能满足企业的要求，或是有些人有了更理想的选择而放弃这次就业机会。

（二）背景调查

背景调查是选拔应聘者最后的一个程序。背景调查也称材料核实，就是核实求职者申请材料和个人简历等与实际是否相符，以获得求职者更全面可靠的信息。

1. 调查的内容

背景调查的内容包括：① 应聘资料的真实性。如求职者学历的真实性、资格证书的有效性。② 工作经历的相关性。侧重了解求职者以往的工作时间、担任职位和承担的主要职责、工作变动情况、薪酬水平、与工作说明书要求相关的工作经验、技能和业绩等问题。③ 人际关系的客观性。了解求职者如何处理在工作过程中与上级、下级、同级和客户之间的关系，是否善于与人沟通，为人是否诚信，是否善于团队合作等。

2. 调查的方法

背景调查主要是通过电话暗访、信件等方式进行。一般来说，调查的职位越重要，选择调查的方法就应该越慎重，为了调查结果的客观性，有时还可以采取多种方法同时进行。

3. 调查的实施

调查的实施可以委托中介机构进行，提出需要调查的项目和时限要求即可。如果工作量较小，也可以由人力资源部门操作，要求相关的企业协助调查。例如，被调查人所在的学校、以前和当前的任职单位、档案管理部门等。

（三）健康检查

身体健康是开展工作的基础，录用前体检主要有以下四个方面的作用：① 确定求职者是否符合岗位的身体要求。② 建立求职者的健康记录，为未来的保险或员工的赔偿要求提供依据。③ 降低缺勤率和事故，发现员工可能不知道的传染性疾病。④ 研究员工的某些体力、能力特性是否与绩效水平相联系。

（四）正式录用

1. 通知应聘者

当应聘者通过了上述所有程序，人力资源管理部门就会给其发出录用通知，对不被录用者发出辞谢通知。录用通知一般要以信函的方式及时发出。在录用通知书中，要说明报到的起止时间、报到的地点以及报到的程序等内容，同时对被录用者表示欢迎。辞谢通知可以用信函的方式，也可以通过电话的方式。委婉礼貌的辞谢通知有助于树立良好的企业形象，也有利于今后招聘工作的开展。

2. 录用面谈

录用面谈对于企业、个人都有非常重要的意义。录用面谈一方面可以加深企业对新员工的进一步了解。通过面谈可以了解新员工的家庭、兴趣、个性特征、个人的理想和规划，以及在实际生活中是否有困难等在招聘时无法了解的信息；另一方面，也可以加深新员工对企业的了解。在录用面谈时，气氛比较轻松、融洽，新员工可以进一步询问自己感兴趣的问题，如薪酬待遇、培训机会、福利等，可以进一步了解企业的文化和制度。

录用面谈的执行者要根据录用职位的高低来确定，高层管理者一般由董事长、总经理亲自执行；中层的管理人员由分管业务的副总来谈；一般的基层员工则由部门负责人或人力资源主管来谈。

3. 签订劳动合同

被录用者到用人单位人力资源管理部门报到，完成人事档案的转移，填写新员工档案登记表，经试用期考察合格后，即与用人单位签订正式劳动合同。

二、招聘评估

招聘评估是招聘过程中必不可少的一个环节。为了更精确地评估招聘的吸引力和有效性，改进招聘的甄选方法，降低招聘成本，提高新聘员工的质量，企业越来越关注招聘评估。招聘评估包括招聘成本效益评估、录用数量与质量评估和招聘方法的成效评估。

（一）招聘成本效益评估

招聘成本效益评估是指对招聘中的费用进行调查核实，并对照预算进行评价的过程。招聘成本效益评估是鉴定招聘效率的一个重要指标。

1. 招聘成本

招聘成本分为招聘总成本与招聘单位成本。招聘总成本即人力资源的获取成本，招聘单位成本是招聘总成本与实际录用人数之比。如果招聘实际费用少，录用人数多，意味着招聘单位成本低；反之，则意味着招聘单位成本高。

2. 成本效用评估

成本效用评估是对招聘成本所产生的效果进行的分析。主要包括招聘总成本效用分析、人力资源招募成本效用分析、人力资源甄选成本效用分析和人力资源录用成本效用分析等。其计算方法是：

总成本效用 = 录用人数 / 招聘总成本

人力资源招募成本效用 = 应聘人数 / 招募期间的费用

人力资源甄选成本效用 = 被选中人数 / 甄选期间的费用

人力资源录用效用 = 正式录用的人数 / 录用期间的费用

3. 招聘收益成本比

招聘收益成本比既是一项经济评价指标，同时也是对招聘工作的有效性进行考核的一项指标。招聘收益成本越高，则说明招聘工作越有效。其计算公式如下：

招聘收益成本比 = 所有新员工为企业创造的总价值 / 招聘总成本

（二）录用数量与质量评估

1. 数量评估

录用员工数目的评估是对招聘工作有效性检验的一个重要方面。通过数量评估，分析在数量上满足或不满足需求的原因，有利于找出各招聘环节上的薄弱之处，改进招聘工作。同时，通过录用人员数量与招聘计划数量的比较，为人力资源规划的修订提供依据。判断招聘数量的一个直接方法就是看职位空缺是否得到满足、录用率是否真正符合招聘计划的设计。

录用人员数量评估主要从录用比、招聘完成比和应聘比三方面进行。其计算公式为：

录用比 = 录用人数 / 应聘人数 ×100%

招聘完成比 = 录用人数 / 计划招聘人数 ×100%

应聘比 = 应聘人数 / 计划招聘人数 ×100%

2. 质量评估

录用员工质量评估是对员工的工作绩效行为、实际能力、工作潜力的评估，它是对招聘的工作成果与方法的有效性检验的另一个重要方面。录用人员质量评估实际上是在人力资源选拔过程中，对录用人员能力、潜力、素质等进行的各种测试与考核的延续，也可根据招聘的要求或工作分析中得出的结论，对录用人员进行等级排列来确定其质量。其方法与绩效考核方法相似。当然，录用比和应聘比这两个数据也在一定程度上反映了录用人员的质量。

（三）招聘方法的成效评估

招聘方法的成效评估主要是评估招聘方法的信度和效度。

第四章 人力资源培训与开发

第一节 人力资源培训与开发概述

人力资源培训与开发是一个系统化的行为改变过程,也是现代组织人力资源管理的重要组成部分。现代组织的管理注重人力资源的合理使用和培养。要提高组织的应变能力就需要不断地提高人员素质,使组织及其成员能够适应外界的变化,并为新的发展创造条件。

一、人力资源培训与开发的含义及目的

(一)人力资源培训与开发的含义

人力资源的培训与开发,是指企业通过多种方式,使员工具备完成现在或将来工作所需要的技能并改变他们的工作态度,以改善员工在现有或将来职位上的工作业绩,最终实现企业整体绩效提升的一种计划性和连续性的活动。

人力资源培训是有组织、有计划提供的,为了使员工获得或改进知识、能力、态度和行为,达到提高组织的工作绩效,促进员工与组织共同发展为目的的、系统化的教育训练和开发活动。对培训含义的准确理解,需要把握以下几

个要点：

第一，培训与开发的对象是企业的全体员工，而不只是部分员工，当然这并不是说每次培训的对象都必须是全体员工。

第二，培训与开发的内容应当与员工的工作有关。此外，培训的内容还应当全面，与工作有关的内容都属于培训的范畴。如知识、技能、态度、企业的战略规划及企业的规章制度等。

第三，培训与开发的目的是要改善员工的工作业绩并提升企业的整体绩效，应当说这是企业进行培训的初衷和根本原因，也是衡量培训工作成败的根本性标准，如果不能实现这一目的，培训工作就是不成功的。

第四，培训与开发的主体是企业，也就是说培训应当由企业来组织实施。有些活动虽然客观上也实现了培训的目的，但是实施主体并不是企业，因此也不属于培训的范畴。例如，员工进行自学，虽然同样会改善工作业绩，但不能算作培训；但如果这种自学是由企业组织实施的，那么就属于培训。

（二）人力资源培训与开发的目的

具体说来，培训就是有计划地帮助员工学习与工作相关的基本能力的过程，培训的目的在于改进员工的知识、技能、态度及行为，从而使其发挥最大潜力，以提高工作绩效。员工培训包含多重目的，其中主要有以下几种：① 建立和完善优秀的企业文化，提高员工的自我意识水平。② 增强组织或个人的应变和适应能力。③ 满足员工自身发展的需求。④ 更新知识技能，提高工作能力，改善绩效水平。

二、人力资源培训与开发的内容及类型

（一）人力资源培训与开发的内容

培训是指企业通过各种形式的教育方式改进员工能力水平，提高组织业绩的一种有计划的、连续性的工作，其主要内容大体分为如下几种：知识培训、技能培训、素质培训、创新能力培训、团队精神培训和形象与心理培训。

（二）人力资源培训与开发的类型

人力资源培训与开发要视企业的需要和员工的具体情况而定。培训与开发从不同的角度可以划分为不同的类型。

1. 按照培训的内容划分

按照培训的内容划分，可将培训开发分为基本技能培训、专业知识培训和工作态度培训。基本技能培训的目的是让员工掌握从事职务工作必备的技能；专业知识培训的目的是让员工掌握完成本职工作所需要的业务知识；工作态度培训的目的是改善员工的工作态度，使员工与组织之间建立起互相信任的关系，使员工更加忠诚于组织。这三类培训对员工个人和组织绩效的改善都具有非常重要的意义。因此，在培训中应予以足够的重视。

2. 按照培训的对象划分

按照培训的对象划分，可将培训开发划分为新员工培训和在职员工培训。新员工培训又称向导性培训或岗前培训，是指对新进员工进行的培训，主要是让新员工了解组织的工作环境、工作程序、人际关系等；在职员工培训是对组织中现有人员的培训，主要是为了提高现有员工的工作绩效。

3. 按照培训的目的划分

按照培训的目的划分，可将培训开发分为应急性培训和发展性培训。应急性培训是组织急需什么知识、技能就培训什么。例如，企业计划新购一台高精度的仪器，而目前又没有员工能够操作，这就需要进行针对此仪器的应急性培训。发展性培训是从组织长远的发展需要出发而进行的培训。

4. 按照培训的形式划分

按照培训的形式划分，可将培训开发分为岗前培训、在职培训和脱产培训。岗前培训也称入职培训或引导培训，是为了员工适应新的岗位工作需要而进行的培训；在职培训就是在工作中直接对员工进行培训，员工不离开实际的工作岗位；脱产培训是让员工离开工作岗位，进行专门性业务和技术培训。

三、人力资源培训与开发的意义

(一) 能提高员工的职业能力

员工培训的直接目的就是发展员工的职业能力，使其更好地胜任现在的日常工作及未来的工作任务。在能力培训方面，传统的培训重点一般放在基本技能与高级技能两个层次上，但是未来的工作要求员工具有更广博的知识，能够知识共享、创造性地运用知识来调整产品或服务的能力。同时，培训使员工的工作能力提高，为其取得好的工作绩效提供了可能，也为员工提供了更多晋升和提高收入的机会。

(二) 有利于企业获得竞争优势

面对激烈的国际竞争，一方面企业需要越来越多的跨国经营人才，为进军世界市场做好人才培训工作；另一方面，员工培训可以提高企业新产品的研究开发能力。员工培训就是要不断培训与开发高素质的人才，以获得竞争优势，这已为人们所认知，尤其是人类社会步入以知识经济资源和信息资源为重要依托的新时代，智力资本已成为获取生产力、竞争力和经济成就的关键因素。企业的竞争不再依靠自然资源、廉价的劳动力、精良的机器和雄厚的财力，而主要是依靠知识密集型的人力资本。员工培训是创造智力资本的途径。智力资本包括基本技能（完成本职工作的技术）、高级技能（如怎样运用科技与其他员工共享信息、对客户和生产系统了解）及自我激发创造力。因此，这要求建立一种新的适合未来发展与竞争的培训观念，以提高企业员工的整体素质。

(三) 有利于改善企业的工作质量

工作质量包括生产过程质量、产品质量与客户服务质量等。毫无疑问，培训能使员工素质、职业能力提高并增强，将直接提高和改善企业工作质量。培训能改进员工的工作表现，降低用工成本；增加员工的安全操作知识，增强其安全管理意识；提高员工的劳动技能水平，增强员工的岗位意识，提升员工的责任感，提高管理者的管理水平。

（四）有利于高效工作绩效系统的构建

21世纪，科学技术的发展促使员工技能和工作角色发生变化，企业需要对组织结构进行重新设计（如工作团队的建立）。今天的员工已不再是简单接受工作任务，只提供辅助性工作，而更多地参与提高产品与服务的团队活动。在团队工作系统中，员工要扮演许多管理性质的工作角色。他们不仅需要具备与其他员工共享信息的能力，还需要具备人际交往技能、解决问题的能力、集体活动能力、沟通协调能力等。必要的培训可使企业工作绩效系统高效运转。

（五）满足员工实现自我价值的需要

在现代企业中，员工的工作目的更重要的是满足"高级"需求——实现自我价值。培训不断教授给员工新的知识与技能，使其能适应或能接受具有挑战性的工作与任务，实现自我成长和自我价值，这不仅可使员工在物质上得到满足，而且可使员工获得精神上的成就感。

第二节　人力资源培训开发的方法

培训的效果在很大程度上取决于培训方法的选择。采用合适的培训方法，可以提高受训人员的兴趣与注意力，并取得最佳的培训效果。员工的培训是人力资源管理的一项重要职能。按照时间划分，员工培训与开发可分为新员工培训、在职培训与开发、脱产培训与开发和业余培训与开发。这种划分方式强调如何利用时间进行培训，是仅从时间段划分的。当然，我们还可以根据具体的实施手段，将培训与开发的方法进一步细分，这种划分方式更有利于组织作出选择及实施。

培训与开发的方法,是指为了有效地实现培训与开发目标而确定的手段和技法。它必须与培训需求、培训课程、培训目标相适应,它的选择必须结合培训对象的特点。具体来讲,基本的培训方法有以下五类:直接传授法、实践法、参与法、适宜行为调整和心理训练法、科技时代的培训方式。下面分别介绍这几种常用的培训方法。

一、直接传授法

直接传授法适宜知识类的培训。其特点是信息交流的单向性和培训对象的被动性。具体形式有以下三种:

(一)讲授法

讲授法,又称课堂演讲法,是最基本的培训方法。包括灌输式讲授、启发式讲授、画龙点睛式讲授。

(二)专题讲座法

专题讲座法的内容可能不具备较好的系统性。

(三)研讨法

研讨法是围绕一个或几个专题进行交流,相互启发的方法。有集体讨论、分组讨论和对立式讨论三种形式。

二、实践法

实践法适宜技能性的培训,以掌握工作中所需要的知识、技能为目的。其特点是将培训内容与实际工作直接相结合,具有实用、经济、有效的优点。具体方式有:① 工作指导法,又称教练法、实习法;② 工作轮换;③ 特别任务法,此方法常用于管理培训;④ 个别指导法。在此重点论述工作轮换。

工作轮换是让受训者在多个部门之间轮流工作,使他们有机会接触和了解组织其他部门工作的情况。想要提高轮换计划的成功率，就要根据每个人的情况制订工作轮换计划，应当将企业的需求和个人的兴趣、能力等结合起来考虑，轮换时间应根据学习进度而定。

对于管理人员而言，工作轮换是一次可贵的全面了解组织的机会，通过在各个部门工作一段时间，熟悉各部门的情况，一旦上任，就能很快开展工作。另外，平时各个部门都是相对独立的，但是在经过一轮培训后，有利于发现各个部门的相互关系，有利于今后协调各部门工作，促进部门间的合作。工作轮换也是对受训者的考验，各部门的主管从不同角度来观察受训者，从而综合评价候选人各方面的能力，为晋升决策提供重要参考。工作轮换对于管理人员和新进员工还有一个重要作用，就是让受训人找到最适合自己的岗位和发展方向。

虽然工作轮换有诸多优点，但也容易走入培养"通才"的误区。员工被鼓励到各个岗位工作，他们将花费较多的时间熟悉和学习新的技能，并将此当成一项主要工作。过度轮换，虽可以让员工掌握更多的技能，却不能专于某一方面。所以，工作轮换常被认为是用于培训管理人员，而非职能专家。

三、参与法

参与法适宜综合性能力的提高与开发，有六种方式：自学、案例研究法、头脑风暴法、模拟训练法、敏感性训练法、管理者训练法。

（一）自学

企业指定学习材料让员工自己学习，有网上学习、电视教学等方式。

（二）案例研究法

案例研究法，是一种信息双向交流的培训方式，主要是将知识的传授与能力的提高融合到一起。案例研究法中的案例用于教学时，必须具备以下三个特点：一是内容真实；二是案例中应包含一定的管理问题；三是案例必须有明确的目的。

案例研究法分为案例分析法和事件处理法两种：① 案例分析法，又称个案分析法,有描述评价型和分析决策型两种;②事件处理法,需要自编案例。自编案例的内容包括案例的内容简介、案例发生的背景、实际解决的对策和得出的经验教训。

(三)头脑风暴法

头脑风暴法,又称"研讨会法""讨论培训法""管理加值训练法"。其特点是相互启迪思想,激发创造性思维,最大限度地发挥创造能力,提供解决问题更多、更佳的方案。

(四)模拟训练法

模拟训练法,就是以工作中的实际情况为基础,将实际工作中可利用的资源、约束条件和工作过程模型化,学员在假定的工作情景中参与活动,学习从事特定工作的行为和技能,从而提高其处理问题的能力。

(五)敏感性训练法

敏感性训练法,又称T小组法,简称ST法。其适用于组织发展训练,晋升前的人际关系训练,中青年管理人员的人格训练等。

(六)管理者训练法

管理者训练法,简称MTP法,是产业界运用最为普遍的针对管理人员的培训方法。该方法旨在使学员系统地学习,深刻地理解管理的基本原理和知识,从而提高其管理能力。

四、适宜行为调整和心理训练法

(一)角色扮演

角色扮演是在设计的一个接近真实情况的场景中,指定受训者扮演特定的角色,借助角色的演练来体验该角色,从而提高解决该类问题的能力。在特定场景下,受训者不受任何限制的即兴表演,"剧情"随着参与者的表现而自由转换，直到培训者终止或是受训者感到已完成这一任务。表演结束后，培训者和其他参与者都可参与评论，相互商讨，从中受益。

角色扮演提供了观察和感受不同方式处理问题的机会，表演者可以从中认识处理问题的得失，对角色的处境、困难、顾虑、思路都有了切身体会，不管将来是处于该角色的位置还是其相关位置，都有利于其顺利地解决问题。角色扮演可以训练人们体察他人情绪的敏感性。因此，在培训公关人员、销售人员时常采用这种方法。另外，这种方式几乎不需要什么物质成本。

培训者的指导非常重要，如果没有事先准备好关于受训者学习什么内容的概括性说明，那么参与者在完成表演后很难有进一步的提高；如果受训者扮演后得不到应有的反馈，他们常常会认为这是浪费时间；如果给受训者事先的指导较少，可能会导致表演失误，从而引起尴尬，产生挫败感，反而会打击受训人今后的工作信心。另外，角色扮演需要的时间较长，每轮表演只能让较少的人参与，这种培训方法比较耗时。

（二）行为模仿

行为模仿是先向受训者展示正确的行为，再要求他们在模拟环境中扮演角色。根据他们的表现，培训者不断地提供反馈，受训者在反馈的指导下不断重复工作，直至能熟练地完成任务。这种培训方法的基本思路是，让受训者看到任务的执行过程，并在反馈信息中不断地重复实践，直到其能熟练地完成任务。具体来讲，行为模仿有以下四个步骤：① 建立模式。向受训者展示正确的行为，可以通过电影、录像等现代手段，也可以通过真人扮演。② 角色扮演。让每个受训者扮演其中角色，演习正确的行为。③ 不断强化。培训者根据受训者的表现，给予表扬、建议等反馈，强化受训者的行为。④ 鼓励受训者在将来的工作中采用正确的行为。

行为模仿和角色扮演的相似之处在于，都要扮演某个角色，都要表演某些场景。但两者又有重要的区别，角色扮演是在某种场景下自由发挥表演，而行为模仿则要求受训者必须以正确的行为处理问题，并且一旦出错就被要求重复演习，直至正确。也就是说，行为模仿是告诉受训人正确的方法，并要求掌握这种正确方法。

行为模仿的优点是，学习并实践正确的方式。在该培训中，受训人一开始就清楚什么是正确的处理方式,并在实践中不断地模仿正确行为,通过不断强化后,让这种行为自然而然地在将来的工作中体现。因此,行为模仿适用于那些能明确识别正误的、有规范操作程序的、简单且程序化的行为。

行为模仿最大的缺点是,从一开始就限制了受训者的思维。受训者首先看到了正确的行为方式,潜意识中会努力向其靠拢,并且也被鼓励和效仿。而事实上,解决一个问题一般有多种方式,可能还存在其他更好的方法,但这在一开始就被扼杀了。而且现实情况是复杂的,所教授的正确方法不一定在任何情况下都适用。由于受训人只做过"正常"情况的思考,当发生"非正常"情况时往往束手无策。

五、科技时代的培训方式

（一）网上培训

计算机辅助教学,简称 CAI。

（二）心智技能模拟培训法

随着科技的发展,生产设备自动化的程度越来越高,在员工技术能力的各要素中,心智技能逐渐占据主导地位。所谓的心智技能是在活动过程中积累起来的一种调节智能活动方面的经验,它是技术能力的核心内容。心智技能的形成要经历三个阶段:一是模式定向阶段;二是模式操作阶段;三是模式内化阶段。心智技能培训法就是通过系统分析的方法查明人机交互作用的主要特征,研制出心理教学模拟器,然后让模拟器有序地呈现生产活动中出现的问题,分析专家解决问题的思维过程,建立心理模型,依据员工现有的接受水平,编写出能反映专家经验的培训教材,从而完成专家经验外化的过程。

（三）成就动机培训法

一个企业的成功取决于成就需要的人的多寡,企业家的责任就是将成就需要转化为经济发展的动力。这种培训就是教授参加者如何像成就需要者那样思考和行动,发展适合自己的计划,并在工作中学会推陈出新。

第三节　人力资源培训与开发体系设计

人力资源培训与开发的体系设计是一个系统的流程，包括培训与开发的需求分析、课程设计、培训实施过程等。

一、培训与开发的需求分析

培训需求分析应遵循组织为先、需求为本、高层为纲、多向沟通与重点原则等五个原则。一般而言，培训需求分析可以从以下三个方面着手。

（一）组织分析

组织分析中主要要了解公司的使命与宗旨、公司发展战略、产品与服务定位、公司经营战略与年度目标等内容，可以采取分析公司资料、参加公司办公会议、参照行业标杆企业等方法进行调查。

（二）岗位分析

岗位分析主要用于对关键岗位的专业技能的培训需求分析，现在流行的胜任素质模型在培训中的应用也主要体现在对该岗位培训需求的确定上。由于胜任素质模型的建模、测评等过程非常系统和烦琐，很多公司还无法做到借助胜任素质模型来确定岗位的培训需求。笔者在这里提到的岗位分析，也不涉及岗位胜任模型，主要指通过岗位的任职要求和关键知识技能来分析培训需求，其前提是二者都是科学的并通过验证的。

借助该岗位的任职要求和关键技能来分析培训需求主要有以下三个步骤。

第一，参考该岗位职位说明书、任职要求，通过访谈岗位任职者和其上司等方式获得岗位信息，确定该岗位的主要职能领域。

第二，根据岗位主要职能分解出具体的知识要素和技能要素，并按5分制对其重要性进行评分。

第三，汇总形成知识要素表和技能要素表，并形成针对性的课程设置目录和重要性指数。

（三）人员分析

人员分析主要包括人员绩效分析和人员发展分析两个方面。

绩效分析的关键点在于绩效的标准必须清晰，且对绩效现状的评估是真实有效的。在评估绩效现状的时候，注意区分管理问题与培训问题。培训不是万能的，有些不是培训能解决的问题就不能用培训来解决。例如，员工经常迟到，工作中有不满情绪，对工作厌烦并不断出现失误，这就很可能是管理问题，并不是通过劳动纪律培训就可以解决的。

人员发展分析是根据员工发展模式制定阶梯式的系统课程，从低到高逐级进行针对性的培训，经过低一级课程培训合格后才有资格进入上一级课程的学习。

二、培训与开发的课程设计

在完成培训需求调查后，我们需要将培训需求数据和资料进行汇总，这时会发现培训需求总是很多，有组织需求和个人需求，长期需求和短期需求，通用需求和个别需求等。那么，怎样从这些错综复杂的需求信息中遴选出最有价值的培训需求。首先，要了解一般企业培训课程体系的构成，如基础技能的员工入职培训，岗位技能的行政管理、市场营销、财务审计，管理技能的领导人课程等。

企业一般会实施年度培训课程。为了便于培训课程的实施，年度培训课程计划一般分为两个部分执行：一类是公司级的年度培训课程计划，由人力资源部负责管控和实施，主要包括基础技能、管理才能和其他专项培训课程等内容；另一类是部门级的年度培训课程计划，主要是专业技能的培训，由各部门主导达成，人力资源部协助各部门按计划实施各项内外部培训课程。这样将不同类别的课程分解到相应的负责部门，有利于保证培训课程计划的达成率和培训效果。

但是，年度培训课程计划并不是要绝对覆盖公司培训课程体系每一模块的内容，而是要根据需求来确定重点。例如，某企业下一年度的主要目标是降低成本，提高净资产收益率，那么生产运作类和财务审计类的培训内容就成为重点课程，需要纳入公司级培训课程计划，而不仅由生产部和财务部自行组织学习。

接下来是如何遴选培训需求的问题。遴选培训需求主要分为汇总培训需求、课程需求评估、编写课程表等三个步骤。

（一）汇总培训需求

根据访谈高层和中层得到的信息、分析公司年度经营目标等得出的培训需求结论，结合培训需求问卷中选取比例大、出现频率高的课程，汇总形成初步的课程表。

（二）课程需求评估

课程需求评估可以与调查问卷同步操作，在调查问卷课程选项列表后面加上评分栏即可。另外，也可在全部需求调研完成汇总为初步课程表后进行评估。课程需求评估主要是指把课程表的内容逐项从重要性和紧迫性两个维度按照1～10分进行评估。重要性是指本课程对于公司职能发展和公司目标实现具有重大的价值。紧迫性是指本课程现阶段对于公司来说比较重要，起解决现有问题的作用。

根据课程的重要性和紧迫性，可以将课程分为必修课、双修课、进修课和选修课等四个级别，最终确定课程优先级别。

（三）编写课程表

根据课程需求评估的结果，按照课程优先级别首先考虑将必修课和双修课归入课程表，并在年度培训计划研讨会上研讨，结合培训预算情况予以调整。

三、培训实施过程

课程内容确定后，必须逐步明确课程的其他内容，为课程的实施做好准备工作并付诸行动。

（一）制订培训课程实施计划

课程的落实一般有以下几个问题需要明确。

第一，培训主题与大纲。培训需求调查的结果五花八门，往往同样的培训内容却有很多种表达方式，这时需要整理出具体的培训主题和大纲，以明确此项培训课程的主要内容。

第二，受训对象。这个课程需要哪些人员来参加，总共有多少人参加。

第三，培训原因和目的。为什么要开设这个课程，期望通过实施这个课程达到什么目的，学员们参加后会有哪些收获。

第四，培训时数。本课程培训时数为几学时。

第五，预计开课时间。本课程预计在何时实施，全年开几次课。

第六，讲师或负责部门。讲师姓名，是内部讲师还是外部讲师。如果是外部讲师，需要明确培训机构名称和联系方式。建议在日常工作中注意积累外部培训供应商资料，建立供应商资料库，获取其年度培训课程计划，甚至可以考虑与其他公司进行联合采购课程。

第七，培训场地如何安排，是否需要租用外部培训场地。

第八，哪些课程是需要自行开发的，是否有初步的课程开发计划。

通过明确以上信息，将课程内容各项要素具体化，形成培训课程实施计划表，使培训课程在列入实施计划时就具有可操作性和现实性。

（二）制定预算

培训预算一般包括讲师费、教材费、差旅费、场地费、器材费、茶水点心费、餐费等类目，某些公司也将培训人员和参训人员薪资等纳入培训费用范围，但此种方法不易测算，一般的培训费用是指前面的一般性支出费用。培训预算的编制主要有以下三种方法。

1. 传统预算法

传统预算法的具体做法是根据上年度的培训费用，加上一定比例的变动。这种方法简单，核算成本低，但是此种预算方法的逻辑假设是上年度的所有培训支出均是必要的，而且在下一年度都有延续的必要，再加上其他少量培训项目，从而构成本年度培训预算。这种预算方法的缺点在于不是以培训需求为出发点来思考培训投入。由于难以拿出充分的理由和依据来说明费用的必要性，因此很容易被审批者砍掉费用。

2. 比例提取法

很多地方对国有企业职工教育经费有硬性的规定，如不得少于营业额的0.5%。很多公司也参考这种做法，按照一定基数直接提取一定比例的经费作为培训费用额度。常见的方法有：按公司年营业额的0.5%～3%提取；按公司年人事费用总额的3%～8%提取；按公司年利润的5%～10%提取；也有公司按员工人均培训费用计提培训费用。此种方法严格意义上不能作为年度培训费用预算，更多的是作为企业培训费用的底线或上限规定。

3. 零基预算法

零基预算法是指在每个预算年度开始时，将所有的管理活动都看作重新开始，即以零为基础，根据组织目标和需求分析，重新评估每项培训活动对实现组织目标的意义和效果。零基预算的优势在于管理层可以对整个培训活动进行全面审核，保证培训费用都是按需支出，避免随意性培训费用的产生。

从具体编制来说，就是根据培训课程实施计划表的课程，逐项预算单项课程的费用，汇总得出课程费用预算，另外可在汇总数基础上增加10%～20%作为培训备用金，以应对临时专项课程费用支出。单项课程费用的预算可以参考本地区外部培训机构市场报价、以往公司培训费用记录、与同行业人员交流得到的报价信息等，日常工作也要注意对这些信息的收集和整理。

（三）培训的实施

作为培训管理部门，对于培训组织一定要做到专业，确保培训顺利进行。一般的培训组织可以从以下方面着手。

1. 场地选择与预定

根据培训的内容和需求预定大小合适的场地，注意通风和隔音效果，务必亲自前往考察。如果是内部培训，则需要按照要求布置场地。场地的舒适性和适用性直接影响学员的专注度，间接影响培训效果。

2. 培训通知

培训的提前通知有利于讲师和学员做好参加培训的准备。在通知上重点介绍培训的相关信息，如时间、地点、内容大纲、相关知识链接等内容；建议向讲师发出正式的邀请函，以示对讲师的尊重。

3. 培训物品准备

列出清单，根据培训的需求准备培训器材（投影仪、电脑等）、教辅物品（白板、笔、白纸、夹子等）、培训资料等，特别需要考虑细节问题，每次培训对照清单检查物品准备情况。这部分主要是应对培训过程的需求，以保证培训的顺利开展。

4. 培训现场布置

现场布置如根据课程需要将桌椅摆放合适、整齐，将资料、辅助用品放在每位学员的位置上，将水杯根据分组统一放置在固定地方，需要时挂起横幅等，主要目的是营造一种学习的氛围。

5. 培训现场控制

不要认为培训组织者只需要做培训开始前的一些准备工作，培训过程才是其中的关键。这时候培训组织者需要做些什么呢？如由专人负责学员在门口签到，微笑欢迎；对学员课堂行为进行提醒，如打电话、频繁走动等；提醒讲师掌控时间，保证培训按计划进行；配合讲师的教学活动，如物品分发、话筒准备等；拍照、摄影，记录课堂日志；等等。培训的主要角色虽然是讲师和学员，但作为培训组织者，依然是不可或缺的配角。

第四节　培训效果评估与反馈

一、影响培训效果的因素

（一）培训决策

一谈到培训效果的问题，很多人会想到培训前应该怎样分析需求，培训中怎样保证效果，培训后怎样促进转化这些问题。事实上，首先并不是这些培训的具体环节问题，而应该是该不该培训。简单来说，在遇到一个问题或看似需要培训的情景出现时，我们都可以问一下自己：这个问题可以通过培训来解决吗？要想回答这个问题，我们又得追问自己：培训作为一种重要的管理手段和方法，主要可以解决哪些问题？一般而言，按照态度、知识和技能的分类方法，培训更容易解决知识与技能方面的问题，而在态度方面作用有限，或者说成本较高。每一次培训决策的下达，实际上就决定了后续所有培训工作的大致价值。

（二）培训需求

一旦制定了培训的决策，即经过权衡分析，认为培训是较为合适的方法，这时才进入培训管理的核心流程，第一步就是培训需求分析。培训需求是后续所有培训工作开展的基础，从培训的目的看，企业培训以满足企业现阶段的需求或未来潜在需求为最终目的，培训需求调查就是为了明确这些需求，即找对目标。

（三）内容

课程内容直接关系培训是否能满足既定的需求。在培训对象和培训目标都确定的情况下，设置培训内容应该是一件很简单的事，而实际上要设置好它们，需要注意以下问题：首先，培训对象的不同决定了培训内容的不同。其次，培训目标的不同也决定了内容设置的不同。假设某一次培训是针对公司高、中及一般管理人员的培训，培训目标是在公司内部建立良好的沟通，那么培训的内容将围绕沟通这样一个主题进行。

（四）教学方法

教学方法的设计是一门专业性较高的学问，培训者需要了解学习的特点，对学习的各种方法有深入的理解和掌握，对各种学习方法在哪些内容上能获得最佳效果了然于胸，且懂得不同方法的组合使用可以达到更佳的教学效果，能根据课程内容和学员对象有针对性地采用这些方法的组合，并且对于教学方法的新趋势、互联网技术手段的运用等方面有前瞻的眼光和思考。可以把学习内容粗略分为知识、技能和态度三类，每一类内容都有其最适合的教学方法，关键是针对具体的内容应采用何种方法，或者应采用哪几种方法的组合。

（五）讲师

虽然影响培训效果的关键在于之前的培训需求分析和培训后的效果转化，但在课程实施过程中，起决定性作用的还是讲师。没有讲师的出色发挥，即使有再好的课程，其效果也会大打折扣。讲师水平不一样，培训效果会有明显的差异，这也正是许多企业培训管理者在洽谈培训项目时较为看重讲师这个因素的原因之一。

（六）学员

在影响培训效果的几个角色（培训组织者、讲师、学员、学员的主管）中，学员决定了培训的成败。因为学员才是培训的主体，各项培训工作均是为了达成学员的学习目标而做出的努力。学员对于培训效果具有最直接的影响，学员没有收获，培训工作做得再好，还是没有效果。因此，要重视学员这个重要因素，在培训前、中、后密切关注学员，对学员的挑选工作也应当更加重视。

（七）培训组织

在培训效果评估表上一般会要求学员对培训的组织给出评估，如培训地点和时间的安排，培训器材的准备和使用，培训现场的服务等，这些都属于培训组织的内容。培训组织对培训效果的影响直接表现为行政上的辅助，如空间的安排、物品的准备等，所有的工作均是为了帮助培训达成既定的效果。培训组织工作是比较烦琐的工作，而且面临的压力很大，稍有不慎，就会使培训过程产生变数，影响培训的效果。

（八）学习成果转化

一节培训课程，不管在此之前耗费了多大的时间和精力去准备，在实施过程中多么完美，如果在学习结束后学员没有将学习的成果应用到工作上，一切就都是无用功，这时候的培训仅仅是走了过场而已，没有起到实际的作用。培训成果转化需要学员、学员主管和讲师共同投入，以学员为中心，帮助学员将所学运用于实际工作中。在这个过程中，各个培训相关者都要做好属于自己职责内的事情，人力资源部则应建立相应的机制保证这些工作的落实。因此，培训成果的转化并不能简单理解为是学员自己的事情，与企业无关。很多时候正是因为组织缺乏相应的指导与激励机制，才使得很多培训的成果没有转化为企业的收益，造成培训资源的浪费。

二、培训效果评估方法

培训结束后，受训者的感受怎么样；培训是否达到了预期的目标；其效果到底如何；通过培训，受训者是否掌握了所学的知识；其所学知识是否已经转化成能力；培训的投资回报如何。这些问题都是培训组织者必须关心的问题。

关于培训效果的评估，最常用的是"柯氏四级培训评估模式"，是由美国威斯康星大学的柯克帕特里克教授提出来的。他把培训效果分为反应层次、学习层次、行为层次、结果层次，见表4-1。

表 4-1　柯克帕里克的培训评估模型

评估层次	内容	可询问的问题	衡量方法
反应层	观察学员的反应	・学员喜欢该培训课程吗？ ・课程对学员有用吗？ ・对培训师及培训设施等有何意见？ ・课堂反应是否积极主动？	问卷、评估调查表、评估访谈
学习层	检查学员的学习结果	・学员在培训项目中学到了什么？ ・培训前后，学员知识、技能等方面有多大程度的提高？	评估调查表、笔试、绩效考核结果、案例研究
行为层	衡量培训前后学员的工作表现	・学员在培训后有无行为上的改变？ ・学员在工作中是否用到培训所学的知识、技能？	由上级、同事、客户、下属进行绩效考核等
结果层	衡量公司经营业绩变化	・行为改变对企业的影响是否积极？ ・企业是否因培训而经营得更好？	考察事故率、生产率、流动率、出勤率等

（一）反应层次

反应层次是第一级评估，即评估受训者对培训的直接感受。这是培训效果评价的最低层次，主要通过调查受训者对培训各项目（培训方式、课程、讲师等）的印象和感觉来评价培训效果。通过调查表或面谈的方式收集学员的反馈意见，如受训者对培训师的看法，课程难度和期望价值，对培训组织是否满意，培训合理化建议等。

该评价通常在一项、一天或一次的授课结束后立刻进行，同时培训组织者也可以通过亲自参与培训的方式，将受训人员的表现记录下来。

（二）学习层次

学习层次是第二级评估，即评估受训者的学习效果。该评估可通过理论考试或实地操作等方式进行，主要测定学员对知识、技能的掌握情况。这是培训效果评价的第二层次，也是目前最常见的一种评价方式。

（三）行为层次

行为层次是第三级评估，即评估学员在培训后的工作行为变化。这是培训效果评价的第三层次，主要评价受训者在受训后工作行为的改善，工作态度的转变，所学知识、技能的实际运用情况等。可以通过上级、下级、同事、客户等相关人员对受训者的绩效进行评价，主要由上级评价。由于所学知识、技能转化成现实生产力需要时间。因此，该类评估要在培训过后较长一段时间来进行。

（四）结果层次

结果层次是第四级评估，即评估培训结果，主要考察员工受训后工作绩效的改善情况。这是培训效果评价的最高层次，它可以通过实际工作中的具体指标来衡量，如产量、事故率、产品合格率、成本、利润、销售量、离职率、客户满意率等。

上述评估模式总的规则是：一级评估看反应，二级评估看考试，三级评估看行为，四级评估看业绩。一般而言，要使培训工作取得实效，就必须对部分培训课程进行三级、四级深层次的评估。深层次评估不仅能够发现培训活动对组织的具体贡献，而且能够显示培训成果转化的真正障碍。

三、培训评估的方式

（一）培训后的测评

培训后的测评就是在培训结束后对受训人员的培训效果进行测评。这种方式的好处是简单易行，但是得到的评估结果却是一种绝对值，更多的是反映培训目标的达成程度，而不容易看出培训的改进效果。这种方式多用于对反应层的评估。

（二）对受训人员绩效培训前后的对比测评

这种方式需要对绩效进行两次测试，在培训前要对受训人员进行一次测试，培训结束后再进行一次测试，然后将两次测试的结果进行比较，从而对培训效果进行评估。这种方式的问题在于，受训人员在行为或结果方面的变化可能受到其他因素的影响，从而干扰了对培训效果的准确评估。这种方式多用于对学习层的评估。

（三）将受训人员与控制组进行培训前后的对比测评

这种方式比上一种更进一步，为了消除其他外界因素对培训效果评估的影响，在进行评估时除了对受训人员进行对比测评外，还选择一组没有经过培训的员工进行对比测评，这就是所谓的控制组。将受训人员测试的结果与控制组测试的结果进行对比，就能反映培训的真实效果。这种方式主要用于对行为层和结果层的评估。

培训结束后，观察管理人员如何在企业的日常管理中运用学到的管理知识、管理技能，是对培训的最好考核。而培训过程中的考核也必不可少，这不仅是对培训效果的考察，也是对参加培训的人员有没有重视培训、认真配合培训的有效监督。为了激发管理人员参与和配合培训的积极性，可以将培训考核的成绩送交企业的人力资源部门，作为企业内部提升、加薪、奖励等的参考或依据。

企业花了大量的人力、物力、财力进行培训，就必须实现培训目标，要能解决企业实践中遇到的问题。为了保证每次培训不流于形式，企业必须针对培训建立一套培训制度，以保证培训的顺利推行和培训的效果。

四、培训工作的注意事项

如果相关人员对企业培训认识不清，培训没有与企业战略规划保持一致，就很容易步入培训的误区。相关人员在组织策划培训之前要注意避免步入以下误区：

（一）形式主义的培训

这种培训就是为了在工作汇报的表格中增加填写的内容，向上级主管部门汇报，为企业和个人的政绩添上值得夸耀的一笔。

（二）盲目培训

培训者对企业的培训需要不清楚或盲目跟风、赶时髦，追求新奇特，盲目崇外。社会上流行什么培训，就对职工进行什么培训。

（三）填鸭式培训

培训追求短平快，而不注重实际效果。在短时间内给学员大量的知识，而不给他们时间消化。因为太多的内容、太短的时间会使人的学习效率下降，不利于学员吸收、转化。

（四）缺乏成本控制的培训

培训也是企业的一项投资，要认真考虑产出效益。造成培训投入与产出不成比例的有以下几个原因：一是培训目的性不强，片面追求大而空。二是培训只对人不对事。企业培训首先是为了满足企业和岗位的需要、改进企业的业绩，其次才是帮助职工实现职业理想。如果只从员工的职业发展出发，培训出来的员工有可能因为接受不了企业提供的工作环境和工作内容而远走高飞。三是把培训当成游玩的机会，专门找有名山大川或古迹闹市的地点培训，名曰培训，实则游玩。

五、培训建档

每个员工的培训情况都应纳入个人档案管理，真实反映员工继续学习和能力提升的过程，最好是将每一次的培训材料都编进人才信息库中，以便将来进行查询。当遇到员工晋升、职称评定、岗位轮换等情况时，这都是重要的用人依据，也可以减少不必要的重复培训。所以组织应当建立员工培训登记制度，如培训卡制度。培训卡就是用来记录员工接受培训的登记卡，反映员工接受培训的真实情况。培训卡应该包含每次培训的基本信息，如培训时间、地点、主要内容或课程、培训成绩、证书、培训组织机构等，每个员工在培训后都应填写培训卡。另外，继续教育证制度也是一种操作简便的登记制度。对于组织来说，每次培训的全套资料包括培训计划、培训考勤表、培训考核反馈表、培训测试材料、培训总结等都要整理存档，建立信息库。

六、培训总结

每次培训结束后都要写总结，认真思考培训中存在的问题，以后怎么改进。

作为培训的策划者和组织者要不断反思,才能推动培训组织工作不断发展。

对于人力资源管理专门的培训机构来说,还应该在每一年度进行培训总结,称为年度培训总结。针对年度培训计划认真检查,逐项落实。总结成功经验,甚至积淀成组织文化;失败的要找到原因,并查找根源。年度培训总结要求实事求是、突出重点、强调效益分析。

第五章 绩效管理

第一节 绩效管理概述

一、绩效的概念与层次

随着管理实践的不断拓展和深入，人们对绩效概念的认识也在不断变化。在不同的学科领域、不同的组织以及不同的发展阶段，人们对绩效有不同的理解。但不论是组织还是个人，都应该以系统和发展的眼光来认识和理解绩效的概念。如果不能明确界定绩效，就不能有效地对其进行评价和管理。因此，作为绩效管理的逻辑起点，对绩效的概念进行确切的定义和深入的理解是至关重要的。

对应于英文的 performance，在中文文献中，除了"绩效"，也有人采用"业绩""实绩""效绩"等相近或相似词汇来表达。但这些概念，或使用领域比较狭窄，或意思表达不够完整，而"绩效"能够更完整、准确地反映 performance 的内涵，同时也为国内的学者和管理者所广泛接受，故本书统一采用"绩效"的概念，并在此基础上讨论绩效管理问题。

一般意义上，绩效指的是工作的效果和效率。组织通常由若干群体组成，而群体又由若干员工组成。对应不同层面的工作活动主体，相应的也就产生了不同层面的绩效。简而言之，绩效是组织期望为实现其目标而展现在不同层面的能够被组织评价的工作行为及其结果。因此，需要明确的是，绩效是分层次的。按照被衡量行为主体的多样性，绩效可以从组织架构层次角度划分为组织绩效、群体绩效和个人绩效。组织绩效是组织的整体绩效，指的是组织任务在数量、质量及效率等方面的完成情况。群体绩效是组织中以团队或部门为单位的绩效，是群体任务在数量、质量及效率等方面的完成情况。对于员工个人绩效的内涵，学者们提出过各种不同的看法，概括起来主要有三种典型的观点：第一种观点认为绩效是结果；第二种观点认为绩效是行为；第三种观点则认为绩效是行为和结果的统一体。

尽管组织绩效、群体绩效和个人绩效有所差异，但是三者又密切相关。组织绩效、群体绩效是通过个人绩效实现的，离开个人绩效，也就无所谓组织绩效和群体绩效。从绩效评价的角度看，脱离了组织绩效和群体绩效的个人绩效评价是毫无意义的，个人绩效需要通过组织绩效和群体绩效来体现。因此，组织绩效管理的最终落脚点在于对员工个人绩效的管理。

无论是"绩效结果观"还是"绩效行为观"，都有其局限性。如果把绩效作为结果，则会导致行为过程缺乏有效监控和正确引导，不利于团队合作、组织协同及资源的合理配置；如果把绩效作为行为，则容易导致行为短期化，使员工拘泥于具体工作，缺乏长远规划，从而使预期结果难以实现。因此，"绩效结果观"和"绩效行为观"都无法全面、完整、准确地描述绩效的内涵。而在实际的管理实践中，绩效更强调一个工作活动的过程及其结果，也就是说，个人绩效包括工作行为及其结果。当我们对绩效进行评价时，不仅要考虑投入（行为），也要考虑产出（结果）。更多的学者提出，应当采用更为宽泛的概念来界定个人绩效，将个人绩效定义为"行为与结果的统一"更为恰当。因此，本书将个人绩效定义为个体所表现出的、能够被评价的、与组织及群体目标相关的工作行为及其结果。该定义一方面强调了与组织目标相关的工作活动的结果，突出了结果导向；另一方面体现了个体所表现的促使结果达成的工作行为及过程。事实上，在管理实践当中的员工个人绩效是那些经过评价的工作行为及其结果，因此这一概念更加符合管理者实际工作的需要。

二、绩效的性质

为了更深入地理解绩效的概念，必须同时理解和掌握绩效的性质。根据绩效的定义，绩效具有多因性、多维性和动态性三个性质，这些性质与绩效的概念、绩效评价以及绩效管理过程是密切相关的。

（一）多因性

绩效的多因性是指绩效的优劣并不由单一因素决定，而是受组织内外部因素共同作用的影响。影响绩效的外部因素主要包括社会环境、经济环境、国家法规政策以及同行业其他组织的发展情况等；内部因素主要包括组织战略、组织文化、组织架构、技术水平以及管理者领导风格等。但并不是所有影响因素的作用都是一致的，在不同情景下，各种因素对绩效的影响作用各不相同。在分析绩效差距时，只有充分研究各种可能的影响因素，才能够抓住影响绩效的关键因素，从而对症下药，对绩效进行有效管理，促进绩效水平的持续改进。

（二）多维性

绩效的多维性指的是评价主体需要多维度、多角度地去分析和评价绩效。组织绩效包括三个方面，即有效性、效率和变革性。有效性指达成预期目的的程度；效率指组织使用资源的投入产出状况；而变革性则指组织应对将来变革的准备程度。这三个方面相互结合，最终决定一个组织的竞争力。对于员工个人绩效，在对其进行评价时，通常需要综合考虑员工的工作结果和工作态度两个方面。对于工作结果，可以通过对工作完成的数量、质量、效率以及成本等指标进行评价。对于工作态度，可以通过全局意识、纪律意识、服从意识以及协作精神等评价指标来衡量。根据评价结果的不同用途，可以选择不同的评价维度和评价指标，并根据期望目标与实际值之间的绩效差距设定具体的目标值和相应的权重。

（三）动态性

绩效的第三个特征是动态性，员工的绩效会随着时间的推移发生变化，原来较差的绩效有可能好转，而原来较好的绩效也可能变差。因此，在确定绩效评价和绩效管理的周期时，应充分考虑绩效的动态性特征，具体情况具体分析，从而确定恰当的绩效周期，保证组织能够根据评价的目的及时、充分地掌握组织不同层面的绩效情况，减少不必要的管理成本。此外，在不同的环境下，组织对绩效不同内容的关注程度也是不同的，有时侧重于效率，有时侧重于效果，有时则兼顾多个方面。无论是组织还是个人，都必须以系统和发展的眼光来认识和理解绩效。

三、影响绩效的主要因素与绩效诊断

（一）影响绩效的主要因素

绩效具有多因性，影响绩效的因素是多方面的。影响绩效的主要因素可以概括为以下四类。

1. 技能

技能指的是员工的工作技巧和能力水平。一般来说，影响员工技能的主要因素有天赋、智力、经历、教育、培训等。因此，员工的技能不是一成不变的，组织可以通过各种方式来提高员工的整体技能水平。一方面，可以通过招聘录用阶段的科学甄选；另一方面，可以为员工提供满足其工作所需的个性化培训或通过员工自身主动学习来提高其工作技能。同时，员工技能的提高可以加速组织技术水平的提升，从而对组织绩效产生积极的影响。

2. 激励

激励作为影响绩效的因素，是通过提高员工的工作积极性来发挥作用的。为了使激励手段能够真正发挥作用，组织应根据员工个人的需求结构、个性等因素，选择适当的激励手段和方式。

3. 环境

影响工作绩效的环境因素可以分为组织内部的环境因素和组织外部的环境因素。组织内部的环境因素一般包括劳动场所的布局和物理条件，工作设计的质量及工作任务的性质，工具、设备以及原材料的供应，公司的组织结构和政策，工资福利水平，培训机会，企业文化和组织气氛等。组织外部的环境因素包括社会政治经济状况、市场的竞争强度等。不论是组织内部的环境因素还是组织外部的环境因素，都会通过影响员工的工作行为和工作态度来影响员工的绩效。

4. 机会

与前面三种影响因素相比，机会是一种偶然性因素。机会能够促进组织的创新和变革，给予员工学习、成长和发展的有利环境。在特定的情况下，员工如果能够得到机会去完成特定的工作任务，可能会使其达到在原有职位上无法实现的工作绩效。在机会的促使下，组织可以拓展新的发展领域，加速组织绩效的提升。因此，无论是对于组织还是个人，机会对绩效的影响都是至关重要的。

（二）绩效诊断

所谓绩效诊断，是指管理者通过绩效评价，判断组织不同层面的绩效水平，识别低绩效的征兆，探寻导致低绩效的原因，找出可能妨碍评价对象实现绩效目标的问题所在。对低绩效员工可以从以下三个角度进行绩效诊断：一是员工个人的因素，包括知识、技能和态度等，具体可能表现为从事工作所需要的知识和技能不足，缺乏工作动机，工作积极性不高等；二是管理者的因素，比如指令不清楚，目标不明确，缺乏必要的指导等；三是环境因素，比如战略不清晰，流程不顺畅，文化冲突等。绩效诊断对于组织而言非常重要，可及时发现问题并采取相应措施，在改进员工个人绩效的同时，促进群体和组织绩效水平的提高，从而持续提高整个组织的人力资源素质、增强组织的核心竞争力。因此，绩效诊断对于组织中的各级管理者来说，是必备的技能，更是应负的责任。

四、绩效管理的基本理论

（一）绩效管理的含义

绩效管理是指制定员工的绩效目标并收集与绩效有关的信息，定期对员工的绩效目标完成情况做出评价和反馈，以确保员工的工作活动和工作产出与组织保持一致，进而保证组织目标完成的管理手段与过程。

在现实中，人们对于绩效管理存在许多片面的甚至错误的看法。要想完整、准确地理解绩效管理的含义，需要很好地把握绩效管理各方面的内容。

（二）绩效管理的内容

对于绩效管理，人们往往把它等同于绩效考核，认为绩效管理就是绩效考核，两者并没有什么区别。其实，绩效考核只是绩效管理的一个组成部分，最多只是一个核心的组成部分，代表不了绩效管理的全部内容。完整意义上的绩效管理是由绩效计划、绩效跟进、绩效考核和绩效反馈四部分组成的一个系统。这四部分将在本章分节详细阐述。

1. 绩效计划

绩效计划是整个绩效管理系统的起点，它是指在绩效，周期开始时，由上级和员工一起就员工在绩效考核期内的绩效目标、绩效过程和手段等进行讨论并达成一致。当然，绩效计划并不是只在绩效周期开始时才会进行的，实际上它会随着绩效周期的推进而不断做出相应的修改。

2. 绩效跟进

绩效跟进是指在整个绩效期间，通过上级和员工之间的持续沟通来预防或解决员工实现绩效时可能发生的各种问题的过程。

3. 绩效考核

绩效考核是指确定一定的考核主体，借助一定的考核方法，对员工的工作绩效做出评价。

4. 绩效反馈

绩效反馈是指绩效周期结束时在上级和员工之间进行绩效考核面谈，由上级将考核结果告诉员工，指出员工在工作中存在的不足，并和员工一起制订绩效改进计划。绩效反馈的过程在很大程度上决定了组织实现绩效管理目的的程度。

（三）绩效管理的目的

绩效管理的目的主要体现在三个方面：战略、管理与开发。绩效管理能够把员工的努力与组织的战略目标联系在一起，通过提高员工的个人绩效来提高企业整体绩效，从而实现组织战略目标，这是绩效管理的战略目的；通过绩效管理，可以对员工的行为和绩效进行评估，以便适时给予相应的奖惩以激励员工，其评价的结果是企业实行薪酬管理、做出晋升决策以及保留或解雇员工的决定等重要人力资源管理决策的重要依据，这是绩效管理的管理目的；在实施绩效管理的过程中，可以发现员工存在的不足，在此基础上有针对性地进行改进和培训，从而不断提高员工的素质，达到提高绩效的目的，这是绩效管理的开发目的。

（四）绩效管理的作用

关于绩效管理的作用，在大多数人的概念中就是进行奖金的分配。不可否认，这是绩效管理的一个重要作用，但绝不是唯一的作用。绩效管理是整个人力资源管理系统的核心，绩效考核的结果可以在人力资源管理的其他各项职能中得到运用。不仅如此，绩效管理还是企业管理的一个重要工具。

五、绩效管理的意义

作为人力资源管理的一项核心职能，绩效管理具有非常重要的意义，主要表现在以下四个方面。

（一）绩效管理有助于提升企业绩效

企业绩效是以员工个人绩效为基础而形成的，有效的绩效管理系统可以改善员工的工作绩效，进而有助于提高企业的整体绩效。目前，发达国家的很多企业纷纷强化员工绩效管理，把它作为增强公司竞争力的重要途径。

（二）绩效管理有助于保证员工行为和企业目标的一致性

企业绩效的实现有赖于员工的努力工作，人们对此早已达成共识，但是近年来的研究表明，两者的关系并不像人们想象中那么简单。在努力程度和公司绩效之间有一个关键的中间变量，即努力方向与企业目标的一致性。如果员工的努力程度比较高，但是方向却与企业的目标相反，那么不仅不会促进企业的绩效，相反还会产生负作用。

保证员工行为与企业目标一致的一个重要途径就是绩效管理。由于绩效考核指标对员工的行为具有导向作用，因此通过设定与企业目标一致的考核指标，就可以将员工的行为引导到企业目标上来。例如，企业的目标是提高产品质量，如果设定的考核指标只有数量而没有质量，员工就会忽视质量，从而影响企业目标的实现。

（三）绩效管理有助于提高员工的满意度

提高员工的满意度对于企业来说具有重要意义，而满意度是与员工需要的满足程度联系在一起的。在基本的生活得到保障以后，按照马斯洛的需要层次理论，每个员工都会有尊重需要和自我实现的需要，绩效管理则从两个方面满足了这种需要，从而有助于提高员工的满意度。一方面，通过有效的绩效管理，员工的工作绩效能够不断地得到改善，这可以提高他们的成就感，从而满足其自我实现的需要；另一方面，通过完善的绩效管理，员工不仅可以参与管理过程，而且可以得到绩效的反馈信息，这能够使他们感到自己在企业中受到重视，从而满足其尊重需要。

（四）绩效管理有助于提升人力资源管理其他决策的科学性和合理性

绩效管理可以为人力资源管理的其他职能活动提供准确、可靠的信息，从而提升其他决策的科学性和合理性。

六、绩效管理与人力资源管理其他职能的关系

绩效管理在企业的人力资源管理系统中占据核心位置，发挥重要的作用，并与人力资源管理的其他职能活动存在密切关系。

（一）与职位分析的关系

职位分析是绩效管理的基础。在绩效管理中，对员工进行绩效考核的主要依据就是事先设定的绩效目标，而绩效目标的内容在很大程度上来自通过职位

分析所形成的职位说明书。借助职位说明书来设定员工的绩效目标，可以使绩效管理工作更有针对性。

（二）与招聘录用的关系

绩效管理与招聘录用的关系是双向的。首先，通过对员工的绩效进行评价，能够对不同招聘渠道的质量进行比较，从而实现对招聘渠道的优化。其次，对员工绩效的评价是检测甄选录用系统效度的一个有效手段。最后，招聘录用也会对绩效管理产生影响，如果招聘录用的质量比较高，员工在实际工作中就会表现出良好的绩效，这样就可以大大减轻绩效管理的负担。

（三）与培训开发的关系

绩效管理与培训开发是相互影响的。通过对员工的绩效做出评价，可以发现培训的"压力点"，在对"压力点"做出分析之后就可以确定培训的需求；同时，培训开发也是改进员工绩效的一个重要手段，有助于实现绩效管理的目标。

（四）与薪酬管理的关系

绩效管理与薪酬管理的关系是最直接的，按照赫茨伯格的双因素理论，如果将员工的薪酬与绩效挂钩，使薪酬成为工作绩效的一种反映，就可以将薪酬从保健因素转变为激励因素，从而使薪酬发挥更大的激励作用。此外，按照公平理论的解释，支付给员工的薪酬应当具有公平性，这样才能够更好地调动他们的积极性，为此就要对员工的绩效做出准确的评价。一方面，使他们的付出能够得到相应的回报，实现薪酬的自我公平；另一方面，也使绩效不同的员工能够得到不同的报酬，实现薪酬的内部公平。

（五）与人员调配的关系

企业进行人员调配的目的就是实现员工与职位的相互匹配。通过对员工进行绩效考核，可以确定员工是否胜任现有的职位，也可以发现员工适宜从事哪些职位。

第二节　绩效计划

一、绩效计划概述

（一）绩效计划的定义

绩效计划是整个绩效管理过程的开始，这一阶段的主要任务是制订绩效计划，也就是说要通过上级和员工的共同讨论，确定员工的绩效考核目标和绩效考核周期。对绩效计划的定义，我们可以作以下理解。

第一，绩效计划是对整个绩效管理过程的指导和规划，是一种前瞻性的思考。

第二，绩效计划包含以下三部分内容：员工在考核周期内的绩效目标体系（包括绩效目标、指标和标准）、绩效考核周期；为实现最终目标，员工在绩效考核周期内应从事的工作和采取的措施；对绩效跟进、绩效考核和绩效反馈阶段的工作做一个规划和指导。

第三，绩效计划必须由员工和管理者双方共同参与，绩效计划上有关员工绩效考核的事项，如绩效目标等，须经双方共同确认。

第四，既然是前瞻性思考，就有可能出现无法预料的事情，所以绩效计划应随外界环境和企业战略的变化适时进行调整，不能墨守成规。

（二）绩效计划的作用

绩效计划对于整个绩效管理工作的成功与否甚至组织的发展都具有重要影响，主要体现在以下几个方面：制订行动计划，指导整个绩效管理环节的有效实施；增强后续工作的计划性，有效减少浪费和冗余；设定考核指标和标准，有利于组织对员工工作的监控和指导，同时也为考核工作提供了衡量指标和标准，使考核得以公正、客观、科学，容易被员工所接受；员工参与计划的制订，增强了员工的参与感和受重视感，同时也提高了员工完成绩效目标的积极性；绩效计划是将组织战略目标和员工的考核指标相结合的重要环节，只有经过这一环节，才能使绩效考核和绩效管理上升到组织战略的高度，有助于组织战略目标的实现。

二、绩效计划的主要内容

绩效计划的主要内容有绩效考核目标体系的构建、绩效考核周期的确定和对绩效管理其他环节工作的初步规划。这里我们仅就绩效考核目标体系的构建和绩效考核周期的确定两部分内容进行阐述。本章所讲的绩效考核目标体系也就是绩效指标体系。

（一）绩效考核目标

绩效考核目标也叫绩效目标，是对员工在绩效考核期间工作任务和工作要求所做的界定。这是对员工进行绩效考核时的参照系。绩效目标由绩效内容和绩效标准组成。

1. 绩效内容

绩效内容界定了员工的工作任务，也就是说员工在绩效考核期间应当做什么事情，它包括绩效项目和绩效指标两个部分。

绩效项目是指绩效的维度，也就是说要从哪些方面来对员工的绩效进行考核。按照绩效的含义，绩效的维度，即绩效考核项目有三个：工作业绩、工作能力和工作态度。

绩效指标是指绩效项目的具体内容，它可以理解为对绩效项目的分解和细化，例如对于某一职位，工作能力这一考核项目就可以细化为分析判断能力、沟通协调能力、组织指挥能力、开拓创新能力、公共关系能力以及决策行动能力这六项具体指标。

对于工作业绩，设定指标时一般要从数量、质量、成本和时间四个方面进行考虑；对于工作能力和工作态度，则要具体情况具体对待，根据各个职位不同的工作内容设定不同的指标。绩效指标的确定，有助于保证绩效考核的客观性。

确定绩效指标时，应当注意以下几个问题：① 内涵明确、清晰。应对每一个绩效评价指标规定明确的含义，以避免不同的评价者对评价指标的内容产生不同的理解，从而减少评价误差的产生。绩效评价指标的表述应明确、清晰，用于定义评价指标的名词应准确，没有歧义，使评价者能够轻松地理解它的含义，不会有模棱两可的感觉。② 具有独立性。各个评价指标尽管有相互作用或相互影响、相互交叉的内容，但一定要有独立的内容，有独立的含义和界定。③ 具有针对性。评价指标应针对某个特定的绩效目标，并反映相应的绩效标准。因此，应根据岗位职能所要求的各项工作内容及相应的绩效目标和标准设定每一个绩效评价指标。④ 易于衡量。评价绩效指标应当以最有效的方式提供关于绩效的必要信息。设计绩效指标时应当将成本、准确性和所需数据的可获得性等问题考虑在内。

2. 绩效标准

设定了绩效指标之后，就要确定绩效指标达成的标准。绩效标准是对员工工作要求的进一步明确，即对员工绩效内容给出明确的界定：员工应当怎样来做或者做到什么程度。

确定绩效标准时，应当注意以下几个问题。

（1）绩效标准应当明确

按照目标激励理论的解释，目标越明确，对员工的激励效果就越好，因此在确定绩效标准时应当具体清楚，不能含糊不清，这就要求尽可能地使用可量化的标准。

（2）绩效标准应当适度

制定的标准要具有一定的难度，但员工经过努力可以实现，通俗地讲就是"跳一跳可以摘到桃子"。这同样源自目标激励理论的解释，目标太容易或者太难，对员工的激励效果都会大大降低，因此，绩效标准应当在员工可以实现的范围确定。

（3）绩效标准应当可变

这包括两层含义。一是指对于同一个员工来说，在不同的绩效周期，随着外部环境的变化，绩效标准有可能也要变化，例如对于空调销售员来说，由于销售有淡季和旺季之分，因此淡季的绩效标准就应当低于旺季。二是指对于不同的员工来说，即使在同样的绩效周期，由于工作环境不同，绩效标准也有可能不同。仍以空调销售员为例，有两个销售员，一个在昆明工作，一个在广州工作，由于气候原因，昆明的居民对空调需求较小，而广州居民的需求则较大，因此这两个销售员的绩效标准就应当不同，在广州工作的销售员，绩效标准就应当高于在昆明工作的销售员。

3. 绩效目标的 SMART 原则

对于绩效目标的设计要求，一般可以概括为以下五个原则，简称"SMART 原则"。

第一，目标明确具体原则。绩效目标必须是具体的，以保证其明确的牵引性。由于每位员工的具体情况不同，绩效目标要明确地、具体地体现管理者对每一位员工的绩效要求。

第二，目标可衡量原则。绩效目标必须是可衡量的，必须有明确的衡量指标。所谓衡量，就是指员工的实际绩效表现与绩效目标之间可以进行比较。

第三，目标可达成原则。绩效目标必须是可以达到的，不能因指标无法达成而使员工产生挫折感，但这并不否定其应具有挑战性。

第四，目标相关原则。绩效目标必须是相关的，它必须与公司的战略目标、部门的任务及职位职责相联系。

第五，目标时间原则。绩效目标必须以时间为基础，即必须有明确的时间要求。

（二）绩效考核周期

绩效考核周期也叫绩效考核期限，是指多长时间对员工进行一次绩效考核。由于绩效考核需要耗费一定的人力、物力，因此考核周期过短会增加企业管理成本的开支；但是，绩效考核周期过长又会降低绩效考核的准确性，不利于员工工作绩效的改进，从而影响绩效管理的效果。因此，在准备阶段，还应当确定恰当的绩效考核周期。

在确定绩效考核周期时，要考虑以下几个因素。

1. 职位的性质

不同的职位，工作的内容是不同的，因此绩效考核的周期也应当不同。一般来说，职位的工作绩效比较容易考核，考核周期相对要短一些，如工人的考核周期相对就应当比管理人员的短。除此之外，职位的工作绩效对企业整体绩效的影响比较大的，考核周期相对要短一些，这样有助于及时发现问题并进行改进，如销售职位的绩效考核周期就应当比后勤职位的短。

2. 指标的性质

不同的绩效指标，其性质是不同的，考核的周期也应当不同。一般来说，性质稳定的指标，考核周期相对要长一些；相反，考核周期相对就要短一些。例如，员工的工作能力比工作态度相对稳定一些，因此能力指标的考核周期比态度指标就要长一些。

3. 标准的性质

在确定考核周期时，还应当考虑绩效标准的性质，就是说考核周期的时间应当保证员工经过努力能够实现这些标准，这一点其实是与绩效标准的适度性联系在一起的。例如"销售额为50万元"这一标准，按照经验需要2周左右的时间才能完成，如果将考核周期定为1周，员工根本就无法完成，如果定为4周，又非常容易实现，在后两种情况下，对员工的绩效进行考核都是没有意义的。

三、绩效计划的工具

自20世纪50年代以来，绩效管理逐渐发展成为人力资源管理理论研究的重点，学者们先后研究提出了目标管理、关键绩效指标（KPI）、平衡计分卡（BSC）等工具。而其中以KPI和BSC为基础构建的绩效考核指标体系，一方面能够很好地将组织的战略目标和具体考核指标相互结合，另一方面也具有较强的可操作性，在广大企业的实践中获得了大家的认可，成为越来越受欢迎的绩效计划工具。

（一）关键绩效指标

随着管理实践的不断发展和成熟，绩效管理也逐渐上升到战略高度，强调对企业战略规划的承接。管理学界探索各种评估方法，将结果导向和行为导向的评估方法的优点相结合，强调工作行为和目标达成并重。在这种背景下，关键绩效指标应运而生。

1. 关键绩效指标的基本内涵

关键绩效指标是衡量企业战略实施效果的系统性关键指标，它是战略目标通过层层分解产生的可操作性的指标体系。其目的是建立一种机制，将企业战略转化为内部过程和活动，不断增强企业的核心竞争力，使企业能够得到持续发展。可从以下几个方面深入理解其具体含义。

第一，关键绩效指标是衡量企业战略实施效果的关键的指标体系。这包含三个层面的含义：首先，关键绩效指标的功能是用来衡量企业战略实施效果，是战略导向；其次，关键绩效指标强调关键，即最能有效影响企业价值创造的关键驱动因素，是对企业成功具有重要影响的方面；最后，关键绩效指标是一套指标体系，体系里面包含了所有对企业成功具有重要影响的衡量指标。

第二，关键绩效指标体现的是对组织战略目标有增值作用的绩效指标。关键绩效指标是连接个人绩效和企业战略目标的桥梁，可以引导员工真正做出有利于组织战略目标实现的行为。

第三，关键绩效指标是用于评价和管理员工绩效的可量化的和可行为化的标准体系。关键绩效指标体系用于衡量员工的工作行为和工作结果，指标必须是可量化或可行为化的，否则便无法用来衡量和考核。

2. 基于关键绩效指标的绩效指标体系设计

关键绩效指标体系作为一种系统化的绩效指标体系，包括三个层面的指标：企业级关键绩效指标、部门级关键绩效指标和个人级关键绩效指标。三个层面由上至下，由宏观到微观，层层传递；由下至上，由微观到宏观，层层支撑，形成一个相互联系的系统。

（1）企业级关键绩效指标体系的确定

关键绩效指标的建立是一项专业的工作，一般需要聘请外部专家进行指导。通过关键成功分析法选择KPI，有以下四个步骤。

第一步，专家与企业高层领导一起明确企业未来的发展方向和战略目标。基于企业的战略目标，借助鱼骨图法或头脑风暴法分析企业获得成功的关键业务重点，这些业务领域就是公司的关键结果领域，以此确定KPI维度。这一步通常需要思考两个问题：企业的成功靠什么，企业追求的目标是什么。

第二步，进一步分解，把关键结果领域层层分解为关键绩效要素，即确定KPI要素。关键绩效要素是对关键结果领域的细化和描述，主要回答以下几个问题：每个关键成功领域包括哪几个方面的内容，如何保证在该领域获得成功，达成该领域成功的关键措施和手段是什么，达成该领域成功的标准是什么。

第三步，为了便于对这些要素进行量化考核，再将这些要素细分为各项指标，即关键绩效指标。但是针对每一要素，都可能有很多指标可以反映其特性，所以要对这些指标进行筛选，选择最终的KPI。确定关键绩效指标时应遵循SMART原则。

第四步，对每项最终选择的关键绩效指标设置评价标准，即各个指标应该达到什么样的水平。综合以上各种因素，得出企业级关键绩效指标汇总表。至此，一个完善的企业级关键指标体系才算完成。

需要注意的是，企业级关键绩效指标体系的确定不是一蹴而就的，需要经过试运行，然后收集相关人员的意见，对初步建立的指标体系进行补充、修改、完善，最后才能确立稳定可行的关键绩效指标体系。另外，指标体系应该与组织的战略目标保持一致，而组织的战略会随着内外环境的变化而变化，所以指标体系也不是一成不变的，应该随着战略的变化而进行调整。

（2）部门级关键绩效指标的确定

得出企业级关键绩效指标以后，部门管理人员应该在专家的指导下，将企业级关键绩效指标分配或分解到相应的部门，形成部门级关键绩效指标。具体做法是，确认企业级关键绩效指标是否可以直接由部门承担，对于可以承担的，就可以直接过渡为部门级关键绩效指标；对于不能直接承担的，可以按组织结构分解或按主要流程分解。

（3）个人级关键绩效指标的确定

按照相同的办法，将部门级关键绩效指标进行承接或分解，形成个人关键绩效指标。

需要注意的是，部门级关键绩效和个人级关键绩效指标都来源于企业级关键绩效指标，所以部门级关键绩效指标和个人级关键绩效指标理应随着企业级关键绩效指标的改变适时进行调整。

（二）平衡计分卡

美国学者罗伯特·卡普兰和复兴全球战略集团的创始人戴维·诺顿对12家公司进行了一项研究，以寻求新的绩效评价方法。在讨论了多种可能的替代方法后，他们决定采用计分卡来建立一套囊括整个组织各方面活动的绩效评价系统，并将这种新的工具命名为"平衡计分卡"。平衡计分卡诞生后，逐渐被各类组织接受，并广泛采用。全球经典的管理学杂志《哈佛商业评论》更是将其列为"75年来最具影响力的管理工具"之一、"80年来最具影响力的十大管理理念"之一。

平衡计分卡与战略地图是一脉相承的关系，先用战略地图对公司的战略进行描述，然后利用平衡计分卡从四个层面对战略进行衡量。正是战略地图和平衡计分卡的结合，使得这套工具由绩效衡量工具上升为战略管理工具。

平衡计分卡以企业的战略和使命为基础，依托企业战略，对每项战略进行分解，制定衡量指标和目标值，同时配之以达成目标的行动方案，形成一套对战略进行衡量的考核指标体系。平衡计分卡从四个层面衡量企业的绩效：财务层面、客户层面、内部流程层面和学习与成长层面。这四个层面将财务指标和非财务指标有机结合在一起，打破了以财务指标为核心的传统的绩效管理系统框架。并且，平衡计分卡将企业的战略目标和绩效评价指标紧密联系起来，对员工的行为起着更明确的导向作用，有助于企业战略目标的实现。同时，平衡计分卡实现了财务指标和非财务指标的平衡、组织内外部指标的平衡、前置指标和滞后指标的平衡、长期指标和短期指标的平衡。

1. 财务层面

财务层面衡量公司的财务和利润情况，考察战略的实施和执行能否为最终经营成果的改善作出贡献，财务层面是其他层面的目标和指标的核心。财务层面的最终目标是利润最大化。不同类型的企业在不同的发展时期会有不同的财务目标，但是一般而言，可以将财务目标分成收入增长、生产率提高、成本下降、资产利用、风险管理等主题，企业可以从中选择适当的财务目标。

2. 客户层面

客户层面反映了企业吸引客户、保留客户和提高客户价值方面的能力。企业应该首先确定自己的目标客户和细分市场，然后针对目标客户确定自己的客户价值主张，卡普兰和诺顿提供了四种通用的价值主张，即竞争战略、总成本最低战略、产品领先战略、全面客户解决方案和系统锁定战略。

3. 内部流程层面

内部流程层面反映了企业内部运营的资源和效率，关注促使企业绩效更好的决策和行动过程，特别是对顾客满意度和股东满意度有重要影响的流程。内部流程可以分为四类：运营管理流程、客户管理流程、创新流程以及法规与社会流程。内部流程是企业改善经营业绩的重点，常见的指标包括产品合格率、生产周期、新产品开发速度、出勤率等。

4. 学习与成长层面

学习与成长层面描述了前面三个层面的基础架构，是驱使前三个层面获得成功的内在动力。学习与成长层面关注组织未来的发展潜力，主要有三个来源：人、系统和组织程序。相对于其他层面而言，该层面可以考虑选用的指标有员工的满意度、保留率、战略信息覆盖率、战略目标的一致性等。

平衡计分卡四个层面的指标和目标都来源于组织的使命、愿景和战略，是对使命、愿景、战略的分解、细化和现实支撑。四个层面内部存在层层支撑、层层传递的内在联系，构成了一个紧密联系、有机统一的整体。

四、绩效计划的基本过程

在制订绩效计划时，管理人员需要根据上一级部门的目标，并围绕本部门的职责、业务重点以及客户（包括内部各个部门）对本部门的需求来制订本部门的工作目标。然后，根据员工所在职位的职责，将部门目标分解到具体责任人，形成员工的绩效计划。因此，绩效目标大致有三个主要来源：一是上级部门的绩效目标；二是职位职责；三是内外部客户的需求。

管理人员在制订绩效计划时，一定要综合考虑以上三个方面。一般来说，绩效计划包括三个阶段：准备阶段、沟通阶段、审定与确认阶段。

在准备阶段，管理人员需要了解组织的战略发展目标和计划、企业年度经营计划、部门的年度工作重点、员工所在职位的基本情况、员工上一绩效周期的绩效考核结果等信息。同时，管理人员还需要决定采用什么样的方式来进行绩效计划的沟通。

在沟通阶段，管理人员与员工主要通过对环境的界定和对能力的分析，确定有效的目标，制订绩效计划，并就资源分配、权限、协调等可能遇到的问题进行讨论。一般情况下，绩效计划沟通时应该至少回答下列问题：该完成什么工作，按照什么样的程序完成工作，何时完成工作，需要哪些资源与支持。

在审定与确认阶段，管理人员需要与员工进一步确认绩效计划，形成书面的绩效合同，并且管理人员和员工都需要在该文档上签字确认。需要补充的是，在实际工作中，绩效计划一经订立并非不可改变，环境总是在不断发生变化的，在绩效计划的实施过程中往往需要根据实际情况及时调整。

绩效计划的结果是绩效合同，所以很多管理人员过分关注最终能否完成绩效合同。实际上，最终的绩效合同很重要，制订绩效计划的过程也非常重要。在制订绩效计划的过程中，管理人员必须认识到，绩效计划是一个双向沟通过程，一方面，管理人员需要和员工沟通部门对员工的期望与要求；另一方面，员工也需要和管理人员沟通自己的认识、疑惑、可能遇到的问题及需要的资源等。

第三节　绩效跟进

管理者和员工经过沟通达成一致的绩效目标之后，还需要不断地对员工的工作表现和工作行为进行监督管理，以帮助员工获得最终的优秀绩效。在整个绩效考核周期内，管理者采用恰当的领导风格，积极指导下属工作，与下属进行持续的绩效沟通，预防或解决实现绩效计划时可能发生的各种问题，以期更好地完成绩效计划，这个过程就是绩效跟进，也称为绩效监控。在绩效跟进的阶段，管理人员需要选择合适的领导风格、与员工持续沟通、辅导与咨询、收集绩效信息等。这几个方面也是决定绩效跟进过程中监管是否有效、跟进是否成功的关键点。

一、选择合适的领导风格

在绩效跟进阶段，领导者要选择恰当的领导风格指导下属的工作，与下属进行沟通。在这一过程中，管理者处于极为重要的地位，管理者的行为方式和处事风格会极大地影响下属工作的状态，这就要求管理者能够在适当的时候采取适当的管理风格。涉及领导风格的权变理论主要有领导情景理论、路径—目标理论、领导者—成员交换理论等，下面我们将简要介绍其中获得广泛认可的领导情景理论。

领导情景理论由保罗·赫塞和肯·布兰查德于1969年开发，该理论获得了广泛认可。领导情景理论认为，领导的成功来自选择正确的领导风格，而领导风格有效与否还与下属的成熟度相关。所谓下属的成熟度，是指员工完成某项具体任务所具备的能力和意愿程度。针对领导风格，赫塞和布兰查德根据任务行为和关系行为两个维度将其划分为四种不同的领导风格，分别是：指示型（高任务—低关系）、推销型（高任务—高关系）、参与型（低任务—高关系）、授权型（低任务—低关系）。

领导情景理论比较重视下属的成熟度，这实际上隐含了一个假设：领导者的领导力实际上取决于下属的接纳程度和能力水平。而根据下属的成熟度，也就是员工完成任务的能力和意愿程度，可以将下属分成四种。

R1：下属无能力且不愿意完成某项任务，这时是低度成熟阶段。

R2：下属缺乏完成某项任务的能力，但是愿意从事这项任务。

R3：下属有能力但不愿意从事某项任务。

R4：下属有能力并愿意完成某项任务，这时是高度成熟阶段。

领导情景理论的核心就是将四种基本的领导风格与员工的四种成熟度阶段相匹配，为管理者根据员工的不同绩效表现做出适当回应提供了帮助。随着下属成熟度的提高，领导者不但可以减少对工作任务的控制，而且可以减少关系行为。具体来讲，在R1阶段，采用给予下属明确指导的指示型风格；在R2阶段，领导者需要高任务—高关系的推销型风格；到了R3阶段，参与型风格的领导最有效；而当下属的成熟度达到R4阶段，领导者无须再做太多的事情，只需授权即可。

二、与员工持续沟通

在绩效跟进的过程中，管理人员与员工需要进行持续沟通。持续沟通主要具有以下目的：① 通过持续沟通对绩效计划进行调整；② 通过持续沟通向员工提供进一步的信息，为员工绩效计划的完成奠定基础；③ 通过持续沟通，让管理人员了解相关信息，以便日后对员工的绩效进行客观评估，同时也在绩效计划执行发生偏差的时候及时了解相关信息，并采取相应的调整措施。

一般来说，管理人员与员工的持续沟通可以通过正式的沟通与非正式的沟通来完成。正式的沟通有：① 书面报告，如工作日志、周报、月报、季报、年报等；② 会议；③ 正式面谈。非正式的沟通方式多种多样，常用的非正式沟通方式有走动式管理、开放式办公室、休息时间的沟通、非正式的会议。与正式的沟通相比，非正式的沟通更容易让员工开放地表达自己的想法，沟通的氛围也更加宽松活跃。管理人员应该充分利用各种各样的非正式沟通机会。

三、辅导与咨询

（一）辅导

绩效辅导就是在绩效跟进过程中，管理者根据绩效计划，采取恰当的领导风格，对下属进行持续指导，确保员工工作不偏离组织战略目标，并提高其绩效周期内的绩效水平以及长期胜任素质的过程。要想成为一名合格的指导者，并不一定需要成为该领域的专家。对员工进行指导关注的基本问题是帮助员工学会发展自己，通过监控员工的工作过程，发现员工存在的问题，及时对员工进行指导，培养其工作中所需的技巧和能力。优秀的指导者或管理者应该在以下三个层次上发挥作用。

第一，与员工建立一对一的密切联系，向他们提供反馈，帮助员工制定能"拓展"其目标的任务，并在他们遇到困难时提供支持。

第二，营造鼓励员工承担风险、勇于创新的氛围，使他们能够从过去的经验中学习。这包括让员工反思他们的经历并从中获得经验,从别人身上学习,不断进行自我挑战,并寻找学习新知识的机会。

第三,为员工提供学习机会,使他们有机会与不同的人一起工作。把他们与能够帮助其发展的人联系在一起,为他们提供新的挑战性工作,以及接触某些平时很难见到的人或情境的机遇。

(二)咨询

有效的咨询是绩效管理的一个重要组成部分。在绩效管理实践中,当员工没能达到预期的绩效标准时,管理者可以借助咨询来帮助员工克服工作过程中遇到的障碍。在进行咨询时要做到:① 咨询应该及时,也就是说,应该在问题出现后立即进行咨询;② 咨询前应做好计划,咨询应在安静、舒适的环境中进行;③ 咨询是双向交流,管理者应该扮演"积极的倾听者"的角色,使员工感到咨询是开放的,并鼓励员工多发表自己的看法;④ 不要只集中在消极的问题上,谈到好的绩效时,应该具体,并说出事实依据,而对不好的绩效应给予具体的改进建议;⑤ 要与员工共同制订改进绩效的具体行动计划。

咨询过程包括三个主要阶段:① 确定和理解,即确定和理解所存在的问题;② 授权,帮助员工确定自己的问题,鼓励他们表达这些问题,思考解决问题的方法并采取行动;③ 提供资源,即驾驭问题,包括确定员工可能需要的其他帮助。

四、收集绩效信息

在绩效跟进阶段,管理者收集和记录数据,一方面是为了保证绩效评价有明确的依据,避免出现传统绩效评价中根据主观臆断或对绩效表现的回忆来评价员工绩效的现象。管理者持续不断地收集信息,特别是记录员工在实现绩效目标过程中的关键事件,从而确保评价结果的公正及可信度。另一方面,管理者通过持续收集信息,记录关键事件,诊断员工的绩效,进而达到改进绩效的目的。

(一)信息收集的内容

信息收集并不是一个疯狂的收集过程,收集信息同样需要占用组织的资源，而几乎所有组织的资源都是有限的。在这种情况下，就需要确定收集什么样的信息。这取决于组织的目标，并且主要强调的是与绩效管理有关的信息。绩效评价是一项鉴定活动，因此一定要讲求证据，要使员工的业绩活动得到真实而具体的反映，并成为员工行为是否符合绩效标准最有力的佐证，只有这样才能确保员工对绩效评价结果的认可度，并为相应的人力资源管理决策提供可靠的决策依据。管理者在收集信息时，要注意目标完成情况、证明绩效水平的具体证据、对解决问题有帮助的一些数据、关键事件的具体描述等方面的信息。

（二）信息收集的方法

管理者为了获得员工绩效的信息，可以做以下工作。

第一，定期安排与员工的会面，评价他们的绩效。

第二，对照事先建立的职位说明书或行动计划检查员工的工作进展，考察其是否达到了目标。

第三，回顾在评价周期开始的时候形成的报告或者目标列表。

第四，到各处巡视工作的进展情况，并与员工进行非正式的讨论。

第五，从与员工共事的其他人那里得到对员工本人的反馈（正式或非正式的）。

第六，检查工作的产出和结果，以检查其质量或者准确性。

第七，要求员工作工作进展报告。

第八，提出要求后，检查任务完成情况，或者看是否有需要帮助员工解决的问题。

第九，通过分析工作结果、讨论改进方案，评价工作任务或绩效目标完成情况。

第十，关注顾客的投诉率和满意度，评价、检查员工的绩效。

当然，绩效管理主管也可以通过不同的信息渠道获得信息，主要的信息渠道有员工的主管、员工自身、下级、同事以及与被收集者有关的外部人员等。

在各种收集信息的方法中，观察一般是最可靠的。观察是一种收集信息的特定方式，通常是由管理者亲眼所见、亲耳所闻，而不是从别人那里得知。不过，由于管理者的时间和精力有限，不可能事事都观察或监控到，因此要结合其他方法。当然，在使用其他方法进行信息收集时，对信息的准确性要有基本的判断，不能不加判断就完全相信并加以应用。

第四节　绩效考核

一、绩效考核步骤

一般而言，企业在进行绩效考核时，要经过五个步骤。这五个步骤以及每个步骤需要从事的工作内容如下。

（一）确立目标

这一步骤需要明确组织的战略目标，选择考核对象。这一过程主要是在绩效计划中使用平衡计分卡和关键绩效指标两种考核工具来实现的。考核指标体系的建立源于组织的使命和战略目标。

（二）建立评价系统

建立评价系统包括三个方面的内容：确定评价主体，构建评价指标体系，选择适当的考核方式。

（三）整理数据

把在绩效跟进阶段所收集的数据进行整合与分析，按照考核指标和标准进行界定、归类。在这一过程中，要尽量减少主观色彩，以客观事实和客观标准为依据，以保证最终考核结果的公正、客观。

（四）分析判断

在这一阶段，需要对信息进行重新整合，按照所确定的评价方式对评价对象进行最终判断。

（五）输出结果

考核结束后，需要得出一个具体的考核结果，考核结果既要包括绩效得分和排名，同时也应该对绩效结果进行初步分析，找出优秀或不足的原因，以供后面的反馈和改进之用。

二、绩效考核过程中的关键点

绩效考核是一项系统工程，包括多项工作，只有每一项工作都落实到位，考核工作才能有实效。具体而言，绩效考核主要包含考核对象的确定、考核内容的确定、考核主体的确定、考核方法的选择。

（一）考核对象的确定

在企业中，考核对象一般包括组织、部门和员工。针对不同的对象，考核内容也会有所不同。绩效计划阶段中所提到的两种绩效考核工具——平衡计分卡和关键绩效指标，很好地将三个层面的绩效考核指标结合了起来。一般来说，企业在绩效管理过程中，应该优先考虑组织层面的考核，然后关注部门层面的考核，最后再关注员工层面的考核。

（二）考核内容的确定

由于本书中所讲的绩效考核主要是针对员工个人而言的，因此，这里就以员工的绩效考核为例，说明考核内容的确定。

根据绩效考核的定义我们可以发现，考核主要针对三部分内容：工作能力、工作态度和工作业绩。因此，考核的内容理应包括工作能力、工作态度和工作业绩。其中，工作能力和工作态度主要通过胜任素质来考核。

所谓工作业绩，也就是员工的直接工作结果。结果在某种程度上体现了员工的工作能力和工作态度。对员工的工作业绩进行评价，可以直观地说明员工工作完成的情况，更重要的是，工作业绩可以作为一种信号和依据，提示员工可能存在的需要提高和改进的地方。一般而言，我们可以从数量、质量和效率三个方面出发，来衡量员工的业绩。但是不同类型工作的业绩体现也有不同，比如销售人员和办公室工作人员的业绩就不能用同一套指标和标准来衡量，一定要针对不同的岗位设计合理的考核指标体系，才能科学、有效地对员工的业绩进行衡量。尽可能量化要考核的业绩方面，对于实在不能量化的方面，也要建立统一标准，尽可能客观。

（三）考核主体的确定

考核主体是指对员工的绩效进行考核的人员。由于企业中岗位的复杂性，仅一个人很难对员工做出全面的绩效考核。为了确保考核的全面性、有效性，在实施考核的过程中，应该从不同岗位、不同层次的人员中，抽出相关成员组成考核主体并让其参与具体的考核。

一般来说，考核主体包括五类成员：上级、同事、下级、员工本人和客户。

1. 上级

上级是最主要的考核主体。上级考核的优点是：由于上级对员工承担直接的管理责任，因此他们通常最了解员工的工作情况。此外，用上级作为考核主体还有助于实现管理的目的，保证管理的权威。上级考核的缺点在于：上级领导往往没有足够的时间全面观察员工的工作情况，考核信息来源单一；受领导个人的作风、态度以及对下属员工的偏好等因素的影响，容易产生个人偏见。

2. 同事

同事考核的优点是：同事和被考核者在一起工作，他们对员工的工作情况比较了解；同事一般不止一人，可以对员工进行全方位的考核，避免个人偏见。此外，还有助于促进员工在工作中与同事配合。同事考核的缺点是：人际关系的因素会影响考核的公正性，与自己关系好的就给高分，不好的就给低分；大家有可能协商一致，相互给高分；还有可能造成相互的猜疑，影响同事关系。

3. 下级

用下级作为考核主体的优点是：可以促使上级关心下级的工作，建立融洽的员工关系；下级是被管理的对象，因此最了解上级的领导管理能力，能够发现上级存在的问题。下级考核的缺点是：由于顾及上级的反应，往往不敢真实地反映情况；有可能削弱上级的管理权威，造成上级对下级的迁就。

4. 员工本人

用员工本人作为考核主体进行自我考核的优点是：能够增加员工的参与感，加强员工的自我开发意识和自我约束意识；有助于员工接受考核结果。员工本人考核的缺点是：员工对自己的评价往往容易偏高，当自我考核和其他主体考核的结果差异较大时，容易引起矛盾。

5. 客户

用客户作为考核主体，就是由员工服务的对象来对员工的绩效进行考核，这里的客户不仅包括外部客户，还包括内部客户。客户考核有助于员工更加关注自己的工作结果，提高工作的质量。它的缺点是：客户更侧重于员工的工作结果，不利于对员工进行全面评价。此外，有些职位的客户比较难以确定，不适于使用这种方法。

由于不同的考核主体收集考核信息的来源不同，对员工绩效的看法也会不同。为了保证绩效考核的客观、公正，应当根据考核指标的性质来选择考核主体，选择的考核主体应当是对考核指标最了解的。

（四）考核方法的选择

绩效管理中绩效考核的方法有很多种，每一种绩效考核的方法都有自身的特点，同时都有自己的适用对象和适用范围。要对员工工作绩效进行客观公正的考核分析，就要在多种考核方法中进行选择。下面将介绍几种常用的绩效考核方法。

1. 直接排序法

直接排序法是一种相对比较简单的方法，主要是将员工按照某个评估因素从绩效最好的员工到绩效最差的员工进行排序。该方法是一种定性评价方法。

（1）做法

将所有参加评估的人选列出来，就某一个评估要素展开评估，首先找出该因素上表现最好的员工，将其排在第一的位置，再找出在该因素上表现差的员工，将他排在最后一个位置，然后找出次最好、次最差，依此类推。评估要素可以是整体绩效，也可以是某项特定的工作或体现绩效某个方面。

（2）优点

比较容易识别好绩效和差绩效的员工。如果按照要素细分进行评估，可以清晰地看到某个员工在某方面的不足，有利于绩效面谈和改进；适合人数较少的组织或团队，如某个工作小组和项目小组。

（3）缺点

当需要评估的人数较多、超过 20 人时，此种排序工作比较烦琐，尤其是要进一步将细分要素展开的时候。严格的名次界定会给员工造成不好的印象，最好和最差比较容易确定，但中间名次是比较模糊和难以确定的，不如等级划分那样比较容易让人接受。

2. 关键绩效指标考核法

（1）关键绩效指标考核法的概念

关键绩效指标考核法是通过对工作绩效特征进行分析，并总结出具有代表性的几个关键指标，然后把这些指标作为基础进行绩效考核的方法。

关键绩效指标是衡量企业战略实施效果的关键指标，其目的是建立一种机制，将企业战略转化为企业的内部过程和活动，以不断增强企业的核心竞争力并持续提高效益。首先，关键绩效指标来自员工的工作岗位责任，是对其中少数关键岗位的描述；其次，关键绩效指标的来源是组织或者部门总目标，是该工作岗位的员工对公司战略目标价值的体现；最后，关键绩效指标来源于业务流程最终的目标，反映该岗位的人对流程终点的服务价值。

（2）关键绩效指标考核法的考核程序

第一，设计绩效指标。绩效指标设计的基本步骤可分为六步：① 确定影响公司战略目标的关键因素。② 确定关键的成功因素与业务流程之间的关系。将关键成功因素与内部流程联系起来，可以清晰地看到各流程对关键成功因素和关键利益等相关方的影响，以及在实现整体公司策略中所扮演的角色。③ 确定各流程的关键控制点和控制内容。每个流程由三部分组成：投入、过程和结果。流程本身主要加以控制的部分包括过程和结果，要想让流程合理、高效并达到目的，除对其结果进行控制之外，还需要对其过程经历的时间、花费的成本、可能产生的风险进行控制。因此，在对各主要业务流程进行分析时，主要从时间、成本、风险、结果四方面考虑是否需要对这些因素进行控制。④ 根据对每个流程关键控制点的分析和相关的控制点，设定初步的绩效指标。⑤ 测试、修正和筛选各项指标。对初步选定的绩效指标进行筛选，对不符合原则的指标进行修改或淘汰，筛选出最合适的指标。⑥确定关键绩效指标。将指标和流程分配给具体的部门或岗位以后，就形成了每个岗位的绩效指标。

第二，确定绩效指标权重。岗位的多重目标特性决定了必须根据目标的重要性对指标赋予不同的权重，这样才能对员工的工作作出明确的评价。一般而言，对公司战略重要性高的指标权重高，对被考核人影响直接且显著的指标权重高，权重的分配在同级别、同类型岗位之间应具有一致性，又应兼顾每个岗位的独特性。我们可以通过专家法或层次法确定员工各绩效指标的权重。

第三，设定绩效标准。对于关键绩效指标，在员工进行绩效计划时都需要设定目标值，即绩效标准，以此作为衡量员工工作好坏的标准。设定绩效标准的方法有定量分析法、预测法、标杆法、分解法。

第四，绩效考核。在绩效周期结束后，员工的直接上级可以通过比较员工的实际绩效与绩效标准得到绩效结果。

第五，绩效反馈和绩效考核结果的运用。绩效考核结束后，考核者个人或考核者与人力资源部门有关人员一起，与被考核者就考核的结果进行充分沟通，指出目标完成度较高的地方，同时找出被考核者出现的问题和不足，为提高绩效达成协议。人力资源部会将考核结果运用到工作中去。

3. 评价尺度考核法

（1）评价尺度考核法的概念

评价尺度考核法也叫图尺度评价法，是运用最普遍和比较简单的工作绩效评价技术之一。它是通过列举一些组织希望的绩效构成要素，如质量、数量或者个人特征等，再列举跨越范围很宽的工作绩效等级，从"不满意"到"十分优秀"，根据员工的绩效表现打分进行汇总，最终得到员工工作绩效评价结果的一种方法。

（2）评价尺度考核法的步骤

在进行工作绩效评价时，首先在一张图表中列举一系列绩效评价要素，并为每一要素列出几个备选的工作绩效等级；其次，主管人员从每一要素的备选等级中分别选出最能够反映下属雇员实际工作绩效状况的工作绩效等级，并按照相应的等级确定其各个要素所得的分数；最后，将每一位员工所得到的所有分值进行汇总，即得到其最终的工作绩效评价结果。

（3）评价尺度考核法的优缺点

评价尺度考核法有优点也有缺点。该方法使用起来较为方便，开发成本小，也能为每一位员工提供一种定量化的绩效评价结果。但是它不能有效地指导行为，只能给出考评的结果，无法提供解决问题的方法，也不能提供一个良好的机制以给出具体反馈。所以这种方法的准确性不高。

4. 配对比较考核法

（1）配对比较考核法的概念

配对比较考核法即成对比较法、相互比较法。该方法是将所有要进行考核的职务列在一起，两两配对比较，其价值较高者可得1分，最后将各职务所得分数相加，其中分数最高者等级最高，按分数高低将职务进行排列，即可划定职务等级。

（2）配对比较考核法的步骤

配对比较考核法使排序型的工作绩效考核法变得更为有效。配对比较考核法的基本做法是将每一位员工按照所有的评价要素与其他所有的员工进行比较。在运用配对比较法时，首先找出需要评价的所有工作要素，针对每一类工作要素列出一个配对比较表，然后将所有员工依据某一类要素进行配对比较，并将比较结果列在表中。例如A和B相互比较，A的绩效好，A就得1分；B的绩效差，B就得0分。以此类推，最后，将每一位员工得到的评价分数相加，得出最终的成绩。

（3）配对比较考核法的优缺点

配对比较法是评选最佳员工的一个好方法，能够有效地避免中心化倾向和宽大化倾向，并且设计简单，成本较低。但是这种方法没有明确的评价指标，或者说没有明确的尺度对评价要素进行规定，主观判断性很强，客观依据较少，在使用时要注意这些问题。

5. 360度考核法

（1）360度考核法的概念

360度考核法也称全视角反馈，是被考核人的上级、同级、下级、服务的客户和考核人自己等对其进行的考核。通过考核得到绩效的结果，可以清楚地了解被考核人的优点和不足。

（2）360度考核法的步骤

第一，准备阶段。准备阶段的主要目的是使所有相关人员，包括所有评估者与受评者，以及所有可能接触或利用评估结果的管理人员，正确理解企业实施360度评估的目的和作用，进而建立起对该评估方法的信任。

第二，评估阶段。首先，在征询被评估者意见的基础上，组建360度绩效反馈队伍。为避免评估结果受到评估者主观因素的影响，在执行360度考核方法时需要对评估者进行培训，使他们熟悉并能正确使用该技术。此外，理想情况下，企业最好能根据本公司的情况建立能力模型要求，并在此基础上设计360度反馈问卷。其次，实施360度评估反馈，分别由上级、同级、下级、相关客户和本人按各个维度标准进行评估。在评估过程中，除了上级对下级的评估无法实现保密之外，其他几种类型的评估最好采取匿名的方式，必须严格维护填表人的匿名权，以及对评估结果报告的保密性。大量研究表明，在匿名评估的方式下，人们往往愿意提供更为真实的信息。最后，统计并报告结果。

第三，反馈和辅导阶段。绩效考评结果出来以后，要尽快把考评结果告知被考评者。其目的是能够让被考评者清楚考评结果，及时发现不足，及时改正，提高绩效水平。此外，还需要加强绩效辅导。通过绩效辅导，帮助员工找准路线，认清下一阶段的目标，同时要给员工提出一些建设性的改进意见，以帮助员工获得更进一步的提高。

（3）360度考核方法的优点和缺点

优点：360度考核方法打破了由上级考核下属的传统考核制度，可以避免传统考核中考核者极容易发生的光环效应、居中趋势、偏紧或偏松、个人偏见和考核盲点等现象，较为全面的反馈信息有助于被考核者多方面能力的提升。360度考核方法实际上是员工参与管理的方式，在一定程度上增加了他们的自主性和对工作的积极性，提高了员工的工作满意度，员工的主观能动性会更强，对组织会更忠诚。

缺点：考核成本高，当一个人要对多个同伴进行考核时，时间耗费多，由多人来共同考核所导致的成本上升可能会超过考核所带来的价值。有可能成为某些员工发泄私愤的途径，某些员工不正视上司及同事的批评与建议，将工作上的问题上升为个人情绪，利用考核机会"公报私仇"。考核培训工作难度大，组织要对所有的员工进行考核制度的培训，因为所有的员工既是考核者又是被考核者。

6. 目标管理考核法

（1）目标管理考核法的概念

目标管理考核法是管理大师彼得·德鲁克于 1954 年提出的，目标是在一定时期内对组织、部门及个体活动成果的期望，是组织使命在一定时期内的具体化，是衡量组织、部门及个体活动的有效性标准。目标管理是根据组织的战略规划，运用系统的管理方式，高效、可控地开展各项管理实务，同时激励员工共同参与、努力工作，以实现组织和个人目标的过程。

（2）目标管理法考核法的步骤

第一，确定组织目标。组织目标由组织高层领导根据组织的使命，在制订整个组织下一个绩效考核周期工作计划的基础上确定。

第二，确定部门目标。各部门管理者与部门的主管领导分解组织目标，共同制订本部门的绩效目标。部门目标常以年度目标任务责任书的形式体现。

第三，确定员工个人绩效目标。部门主管组织员工讨论部门目标，结合员工个体的工作岗位和职责，制订个人的绩效计划，明确个人的绩效目标。个人目标经常以绩效标准的形式体现。

第四，绩效考核和反馈。在绩效周期结束后，部门主管通过对员工的实际绩效与绩效目标的比较，得出绩效考核的结果，然后考核者和被考核者就考核结果进行充分的沟通，并将其应用到实践中去。

（3）目标管理考核法的优缺点

当然，目标管理考核法有优点也有缺点。它可以充分实现绩效考核中的公平和公正，具有较高的有效性，可以促进管理者和员工之间的交流。但同时目标管理考核法的管理成本较高，有时候还会缺乏必要的行为指导，也没有提供员工之间绩效比较的基础。对于是否应采用这种方法，相关企业应具体问题具体分析。

三、绩效考核表格的设计

绩效考核表格是进行绩效考核的关键部分，是对员工的工作业绩、工作能力、工作态度以及个人品德等进行评价和统计，并用于判断员工与岗位的要求是否相符的方法，也是企业奖惩制度实施的重要依据。

（一）绩效考核表格设计的前提

绩效表格设计的前提应是目标清晰、可量化。一般情况下，绩效指标的设定是部门主管在与员工进行充分沟通的基础上完成。而在具体的指标设定时应依照 SMART 原则。例如，在本年度 3 月 30 日之前，降低客户投诉指标，使客户投诉指标从 80% 降到 77%。这就是一个既有方向又有目标的考核指标。

（二）绩效考核表格设计应遵循的原则

绩效考核表格的设计并不是随意的，在设计表格时，应该遵循一定的原则。以下是绩效考核表格设计的几大原则。

第一，表格设计应适应行业特点与企业文化。绩效考核表格是为企业服务的，表格的设计要符合企业的行业特点和企业文化。每个企业都有自己的特点，绩效表格的设计并不是千篇一律的。

第二，考核指标应由质和量两类指标构成。绩效考核表格中要注重质量指标的考察和数量指标的设计。只有将两类指标结合起来才能够全面考核，得到较为客观的结果。

第三，考核表格中的指标和权重等内容要充分体现公司的战略目标。绩效考核实施的目的是为企业的战略目标服务，绩效考核表格是绩效实施的载体，所以考核表格的设计要通过指标和权重设计来体现公司的战略目标。

第四，绩效考核实施前应充分征求被考核员工的意见与建议。绩效考核不是管理人员单方面制订和实施的，绩效考核之前，管理人员要和员工进行全面的沟通，交换信息，认真听取被考核员工的意见和建议。在绩效考核表格设计中可以针对不同的员工，设计出符合他们自身情况的考核表格。

第五，考核表格设计中要注意绩效考核结果与反馈。通过绩效考核表格的填写，得到绩效考核的结果，但这不是考核的终结，还要将绩效考核的结果进行反馈，将其应用到实际工作中。

第六，考核表格设计要尽可能清晰和灵活，设计结果的处理要尽可能科学合理。绩效考核表格的设计要遵循清晰和灵活的原则，要让被考核者清楚知道应该如何去填写表格的内容。同时，对于绩效考核表格得到的结果要客观公正地处理，尽可能满足科学合理的要求。

第五节 绩效反馈

实施阶段结束以后就是反馈阶段，这一阶段主要是完成绩效反馈的任务，也就是说上级要依据绩效考核的结果和员工进行面对面的沟通，指出员工在绩效考核期间存在的问题，并共同制订绩效改进的计划。为了保证绩效的改进效果，还要对改进计划的执行效果进行跟踪。此外，还需要根据绩效考核的结果对员工进行相应的奖惩，制定人事决策。综合来说，这个过程涉及绩效反馈、绩效考核结果的运用两个方面，而绩效考核结果的运用又包括两方面的内容：绩效改进和相关人事决策的制定。

一、绩效反馈

（一）绩效反馈面谈的准备工作

为了确保绩效反馈面谈达到预期的目的，管理者和员工双方都需要做好充分的准备。

1. 管理者

管理者应做好以下几方面的准备。

（1）选择适当的面谈主持者

面谈主持者应该由人力资源部门或高层管理人员担任，且最好选择参加过绩效面谈培训、掌握相关技巧的高层管理人员，因为他们在企业中处于关键位置，能够代表企业组织的整体利益，可以满足员工吐露心声的需要，从而有助于提高面谈的质量和效果。

（2）选择适当的面谈时间和地点

面谈主要是针对员工绩效结果进行的，一般情况下，可选择在员工的绩效考核结束后，在得出了明确的考核结果且准备较充分的情况下及时进行面谈。

（3）熟悉被面谈者的相关资料

面谈之前，面谈者应充分了解被面谈员工的各方面情况，包括教育背景、家庭环境、工作经历、性格特点，以及职务和业绩情况等。

（4）计划好面谈的程序和进度

面谈者事先要将面谈的内容、顺序、时间、技巧等计划好，自始至终地掌握好面谈的进度。

2. 员工

员工应该做好以下准备：① 回顾自己在一个绩效周期内的行为态度与业绩，收集准备好自己相关绩效的证明数据材料。② 对自己的职业发展有一个初步的规划，正视自己的优缺点。③ 总结并准备好在工作过程中遇到的相关问题，反馈给面谈者，请求组织的理解帮助。

（二）绩效反馈面谈的实施

1. 面谈与反馈的内容

面谈的内容主要是讨论员工工作目标考核的完成情况，并帮助其分析工作成功与失败的原因及下一步的努力方向，同时提出解决问题的意见和建议。谈话中应注意倾听员工的心声，并对涉及的客观因素表示理解和同情。对敏感问题的讨论应集中在缺点上，而不应集中在个人身上。要最大限度地维护员工的自尊，使员工保持积极的情绪，从而使面谈达到增进信任、促进工作的目的。

2. 面谈结束后的工作

为了将面谈的结果有效地运用到员工的工作实践中，在面谈结束后，管理者要做两方面的工作。

（1）对面谈信息进行全面的汇总记录

将面谈的内容信息详细列出，如实地反映员工的情况，同时绘制出一个员工发展进步表，帮助员工全面了解自己的发展状况。

（2）采取相应对策提高员工绩效

面谈的结果应该有助于提高员工的绩效。经过面谈，一方面，对于员工个人来说，可以正确了解自己的绩效影响因素，增强改进绩效的信心和责任感；另一方面，企业全面掌握了员工心态，据此进行综合分析，结合员工的各方面原因，有的放矢地制订员工教育、培养和发展计划，真正帮助员工找到提高绩效的对策。

（三）绩效反馈应注意的问题

1. 绩效反馈应当及时

在绩效考核结束后，上级应当立即就绩效考核的结果向员工进行反馈。绩效反馈的目的是指出员工在工作中存在的问题，从而有利于他们在日后的工作中加以改进。如果反馈滞后，员工在下一个考核周期内还会出现同样的问题，这样就达不到绩效管理的目的。

2. 绩效反馈要指出具体的问题

绩效反馈是为了让员工知道自己到底什么地方存在不足，因此，反馈时不能只告诉员工绩效考核的结果，而是应当指出具体的问题。例如，反馈时不能只告诉员工"你的工作态度不好"，而应该告诉员工到底怎么不好。比如："你的工作态度不好，在这一个月内你迟到了10次"，或者说"你的工作态度不好，上周开会时讨论的材料你没有提前阅读"。

3. 绩效反馈要指出问题出现的原因和改进建议

除了要指出员工的问题外，绩效反馈还应当和员工一起找出造成这些问题的原因并有针对性地制订改进计划，帮助员工确定目标，提出员工实现这些目标的措施和建议。

4. 绩效反馈不能针对人

在反馈过程中，针对的只能是员工的工作绩效，而不能是员工本人，否则容易伤害员工，使员工产生抵触情绪，影响反馈的效果。不能出现"你怎么这么笨""别人都能完成，你怎么不行"之类的话。

5. 注意绩效反馈时说话的技巧

由于绩效反馈是通过面谈的方式来完成的，因此说话的技巧会影响反馈的效果。管理者在与员工进行面谈时，首先，要消除员工的紧张情绪，建立起融洽的谈话气氛；其次，在反馈过程中，应当以正面鼓励为主，不指责、不批评、不评价员工的个性与习惯，同时语气要平和，不能引起员工的反感；再次，要给员工说话的机会，允许他们解释，绩效反馈是一种沟通，不是指责员工；最后，控制好面谈时间，一般掌握在 20～40 分钟为宜，该结束的时候一定要结束，否则就是在浪费时间。

（四）绩效反馈效果的衡量

在绩效反馈结束以后，管理者还必须对反馈的效果加以衡量，以提高反馈效果。在衡量反馈效果时，应考虑以下问题：① 此次反馈是否达到了预期的目的。② 下次反馈时，应当如何改进谈话的方式。③ 有哪些遗漏必须加以补充，有哪些无用的内容必须删除。④ 此次反馈对员工改进工作是否有帮助。⑤ 反馈是否增进了双方的理解。⑥ 对于此次反馈，自己是否感到满意。⑦ 对此次面谈的总体评价如何。对于以上得到肯定回答的问题，在下一次反馈中就应当坚持；对于得到否定回答的问题，在下一次反馈中就必须加以改进。

二、绩效考核结果的运用

总体而言，绩效考核结果的运用包括两个层次的内容：一是改进作用，即对绩效考核的结果进行分析，诊断员工存在的绩效问题，找到产生问题的原因，制订绩效改进计划，帮助员工提高绩效；二是管理作用，即根据绩效考核结果做出相关的人力资源管理决策。

为了便于考核结果的运用，往往需要计算出最后的考核结果，并将结果区分成不同的等级。当用于不同的方面时，绩效项目在最终结果中所占的权重也应当有所不同。一般来说，用于改进时，工作业绩和工作态度所占的比重应相对较高；用于管理时，工作业绩和工作能力所占的比重应相对较高，如规定绩效考核结果用于奖金分配和工资调整时，在最终结果中，工作业绩占 60%，工作态度占 30%，工作能力占 10%；而用于职位调整时，工作业绩占 50%，工作能力占 40%，工作态度占 10%。

此外，还要将最终计算出的考核结果划分成不同的等级，据此给予员工不同的奖惩，绩效越好，给予的奖励就要越多；绩效越差，给予的惩罚就要越大。

例如，在百分制下，规定90分以上为A等，80～89分为B等，70～79分为C等，60～69分为D等，59分以下为E等。用于工资调整时规定，考核结果为A等的，工资增长10%；为B等的，工资增长为5%；为C等的，工资不变；为D等的，工资下调4%；为E等的，工资下调8%。用于职位调整时规定，连续三年为C等以上的才有资格晋升。

（一）绩效改进

绩效管理的根本目的是要不断提高员工和企业的绩效，以实现企业的发展目标，所以利用绩效考核结果来帮助员工提高绩效，是考核结果运用的重要方面。绩效改进是一个包括一系列活动的过程：首先，分析员工的绩效考核结果，明确其中存在的不足和问题；其次，由管理者和员工一起对绩效问题进行分析，找出导致绩效问题出现的原因；再次，和员工一同沟通，针对存在的问题制订绩效改进的目标和绩效改进计划，并与员工达成一致；最后，以绩效改进计划补充绩效计划，进入下一个绩效考核周期，适时指导和监控员工的行为，与员工保持沟通，帮助员工实现绩效计划。

1. 绩效诊断

绩效诊断的过程包括两层内容：指明绩效问题和分析问题出现的原因。绩效诊断通过绩效反馈面谈来实现。绩效反馈面谈既让员工接受了自己绩效的反馈，提高了员工的重视程度；也让企业在面谈中获得了员工的意见、申述和反馈。诊断员工的绩效问题通常有两种思路：从知识、技能、态度和环境四方面着手分析；从员工、主管和环境三方面着手分析。不管用哪种方法，都要全面分析导致员工绩效不佳的原因。

2. 制订绩效改进计划

在绩效改进过程中，员工和直接上级都扮演着非常重要的角色。员工个人对自己的绩效负有责任，应尽力提高自己的绩效，以胜任工作岗位的职责要求；直接上级也应该对员工提供指导和支持，以帮助员工顺利提高绩效。

（1）个人绩效改进计划

制订个人绩效改进计划，应包括以下内容：首先，回顾自己上个周期内的工作表现、工作态度以及绩效反馈面谈中所确认的绩效病因，思考如何通过自己的努力去改善绩效不佳的状况；其次，制订一套完整的个人改进计划，针对每项不良的绩效维度提出个人可以采取的改进措施和方法，如需要学习的新知识和技能，或者向老员工讨教等；最后，针对改进措施，向组织请求必要的资源支持，综合调配自己的时间和可以利用的现实资源，以确保改进措施能够付诸实践。当然，个人绩效改进计划需要组织的支持和上级的配合，所以应该在制订完毕后，与上级主管沟通，获得认可。

（2）组织绩效改进支持

上级和组织的支持对于员工的绩效改进具有重要作用。上级在这个过程中所需要做的工作主要包括：① 凭借自己的经验为员工提供建议，告诉员工在改进绩效的过程中需要或可以采取的措施，帮助员工制订个人改进计划；② 针对员工的计划，提出自己的完善意见，确保该计划是现实可行的，并且对绩效改进确实有帮助；③ 为员工提供必要的支持和帮助，满足员工合理的需求；④ 管理者从组织的角度出发，为员工指定导师或让员工参与某些通用的培训课程。

3. 指导和监控

在制订好绩效改进计划后，员工进入下一个绩效改进周期，管理者在这个过程中要不断与员工进行沟通，适时向员工提供指导和辅助，帮助员工克服改进过程中遇到的困难，避免员工再次出现偏差，确保在下一个绩效考核周期中，员工的绩效能够顺利提升。

（二）根据绩效考核结果作出相关人力资源管理的决策

将绩效考核结果作为依据，根据绩效考核结果作出的人力资源管理决策包括四个方面的内容。

1. 薪酬奖金的分配

按照强化理论的解释，当员工的工作结果或行为符合企业的要求时，应当给予正强化，以鼓励这种结果或行为；当工作结果或行为不符合企业的要求时，应当给予惩罚，以减少这种结果或行为的再发生。因此，企业应当根据员工绩效考核的结果给予他们相应的奖励或惩罚。最直接的奖惩就体现在薪酬的变动中，一般来说，为增强薪酬的激励效果，员工的报酬中有一部分是与绩效挂钩的，当然，不同性质的工作，挂钩的比例有所不同。根据绩效的好坏来调整薪资待遇或给予一次性奖金鼓励等，有助于激发员工努力工作的积极性。

2. 职务的调整

绩效考核结果是员工职位调动的重要依据，这里的调动不仅包括纵向的升降，也包括横向的岗位轮换。如果员工在某岗位上绩效非常突出，则可以考虑将其适当地调到其他岗位上锻炼或承担更大的责任；如果员工不能胜任现有的工作，在查明原因后可以考虑将其调离现有岗位，去从事他能够胜任的工作岗位。另外，对于调换多次岗位都无法达成绩效标准的员工，则应考虑解聘。

3. 员工培训

培训的目的包括两方面：帮助员工提高现有的知识和技能，使其更好地完成目前岗位的工作；开发员工从事未来工作的知识与技能，以更好地胜任将要从事的工作。绩效考核结果正好可以为员工的培训与开发提供依据，根据员工现任工作的绩效，决定让员工参与何种培训和再学习。

4. 员工的职业生涯规划

根据员工目前的绩效水平，以及长期以来的绩效提高和培训过程，同员工协商制订长远的绩效与能力改进的系统计划，明确其在企业中的发展路径。

第六章 薪酬管理

第一节 薪酬管理概述

薪酬管理包括薪酬体系设计与薪酬日常管理两方面。本节主要介绍薪酬管理的基础知识，包括薪酬的构成、功能及其影响因素；薪酬管理的含义、内容和原则；薪酬管理的基本流程等。

一、薪酬的构成、功能及影响因素

（一）薪酬的含义及构成

薪酬概念来自西方的经济学和管理学，对应的英文单词从最初的工资（wage）到薪水（salary），再从薪酬（compensation）到全面薪酬（total rewards），其中的区别不仅在于名称上的改变，更体现在支付对象和支付结构上的差异。见表6-1。

表 6-1　工资、薪水和报酬三者的比较

概念	时期	对象	支付构成
工资	1920 年以前	从事体力劳动的蓝领工人	以周或小时计算，员工加班需要付给加班费用；基本工资比重相对较大，福利约占薪酬总额的 5%
薪水	1920～1980 年	主要指脑力劳动者的收入	以年薪或月薪的形式发放，员工加班没有加班费用；基本工资比重相对较大，福利约占薪酬总额的 15%
薪酬	1980 年以后	所有的劳动者	支付与被支付双方之间是一种"交换"关系；基本工资比例降到 30%，大幅提高奖金比例（30%）和福利（40%）比例

近年来，由于企业支付薪酬形式的多样化发展，各种显性和隐性的薪酬形式层出不穷，全面薪酬的概念应运而生。全面薪酬将劳动者从企业获得的所有形式的薪酬都归于"总收入"，即经济性薪酬和非经济性薪酬。经济性薪酬主要指工资、奖金、福利等。非经济性薪酬主要指个人对工作乃至企业的心理感受。相对来说，经济性薪酬直观、易量化，企业提高了经济性薪酬，员工能够立即感受到，而非经济性薪酬是员工在企业工作而形成的心理思维模式，可以说是一种预期薪酬。全面薪酬概念既强化了经济性薪酬在薪酬分配中的地位，也强调了非经济性薪酬在现代薪酬框架中的独特作用。

在薪酬管理研究中，通常侧重于经济性薪酬。研究者基于不同的领域、学科背景，对薪酬的看法各异。笔者的观点是，员工薪酬主要由基本工资、可变工资和员工福利三部分组成。

1. 基本工资

基本工资实际是企业按照一定的时间周期，定期向员工发放的固定薪酬，它主要反映员工所承担职位的价值或者员工所具备的技能或能力的价值。基本工资的形式主要有职位工资（也称岗位工资），即根据员工所承担工作的重要性、难度、对组织的价值、工作环境对员工的伤害程度以及对员工资格的要求确定；技能工资，即根据员工拥有完成工作的技能或能力高低确定；资历工资，即根据员工工作时间长短，定期增加其基本工资。在国外，基本工资有小时工资、月薪和年薪等形式；在我国企业中，员工基本工资多以月薪为主。

2. 可变工资

可变工资是指薪酬系统中直接与绩效挂钩的部分,包括业绩工资和激励工资。业绩工资是对过去工作行为和已取得成就的认可,是基本工资之外的增加额,它随员工业绩的变化而调整。激励工资,有短期的,也有长期的,常与个人绩效、团队或组织绩效挂钩。可变工资的主要形式有绩效工资、奖金、津贴和股票。其中,奖金在薪酬整体构成中属于变动性较大的薪酬类型。

3. 员工福利

员工福利是指企业在支付基本工资、可变工资之外,为员工提供的一种普惠制的报酬形式。福利是工资的附加部分,但并不反映在员工所获得的直接薪酬之中,所以员工在对总体薪酬的公平性进行评价时,福利常常被估价过低。鉴于此,企业应使员工认识其薪酬,既包括直接薪酬,也包括间接薪酬。

综上所述,薪酬的核心部分包括三个模块:基本工资、奖金和福利,其功能及其特征见表6-2。

表6-2 薪酬的构成、功能及其特征

薪酬构成	功能	决定因素	变动性	特点
基本工资	保障;体现岗位价值	职位价值、能力、资历	较小	稳定性;保障性
奖金	对员工良好业绩的回报	个人、团队和组织的绩效	较大	激励性;持续性
福利	提高员工满意度;避免企业年资负债	就业与否、法律	较小	针对所有员工满意度;保障性

(二)薪酬的功能

薪酬是企业为员工提供的经济性收入,同时也是企业的一项成本支出,它代表企业与员工之间的经济交换,这一交换具有如下功能。

1. 保障功能

员工作为企业的人力资源,通过劳动获取薪酬来维持自身的衣食住行等基本需要,保证自身劳动力的生产。同时,员工还要利用部分薪酬来进修学习、养育子女,实现劳动力的增值再生产。因此,员工的薪酬决定他们的生存、营养和文化教育条件,是企业人力资源生产和再生产的重要保证。

2. 激励功能

薪酬不仅决定员工的物质条件,还是一个人社会地位的重要标志,是满足员工多种需要的经济基础。因此，公平合理的薪酬分配有助于调动员工的积极性；反之，则会挫伤员工的积极性，丧失薪酬的激励功能。

3. 调节功能

薪酬差异是人力资源流动与配置的重要"调节器"。通常情况下，企业可以通过调整内部薪酬水平引导人员流动；还可以利用薪酬的差异对外吸引急需的人才，实现人力资源的合理配置。

4. 凝聚功能

企业制订公平合理的薪酬有助于调动员工的积极性，激发员工的创造力，使员工体会到自身的被关心和自我价值的被认可，进而增强其对企业的情感依恋，与企业同甘共苦，为自身的发展与企业目标的实现而努力工作。

（三）影响薪酬的主要因素

影响薪酬的因素归纳起来可分为三类：员工个人因素、企业内部因素和外部环境因素。

1. 员工个人因素

（1）工作绩效

员工薪酬是由其工作绩效直接决定的，同等条件下，高薪来自高工作绩效。

（2）学历水平

通常学历高的员工薪酬水平也较高，原因是补偿员工在学习过程中所花费的时间、金钱和机会等直接或间接成本，并且带有激励作用，即促进员工不断地学习新技术、提高对企业的贡献度。

（3）工作技能

掌握关键技能的人才已成为企业竞争的利器。企业愿意支付高薪给掌握核心技术的专才与阅历丰富的通才。前者的作用不言而喻，后者能够有效地整合企业内高度分工的各项资源，形成综合效应。

（4）岗位及职位差别

职位既包含权利，也负有相应的责任。权利以承担相应的责任为基础，责任由判断力或决定能力而产生。权利大，责任也重，自然需要较高的薪酬水平来衡量。

（5）工作年限

工龄长的员工薪酬通常高一些，主要是为了补偿员工过去的投资并减少人员的流动。连续计算员工工龄工资的企业，通常能通过工龄工资起到稳定员工队伍、降低流动成本的作用。

2. 企业内部因素

（1）经营状况

企业经营状况直接决定员工的工资水平。经营好的企业，薪酬水平相对稳定且往往有较大的增幅；而经营差的企业，薪酬水平相对较低且不具有保障性。

（2）企业远景

企业处于不同行业、不同时期（初创期、成长期、成熟期、衰退期），其盈利水平和盈利能力不同，一般来说，处于成熟期的企业薪酬水平相对比较稳定。

（3）薪酬政策

薪酬政策是企业分配机制的直接表现，直接影响企业利润积累和薪酬分配的关系。部分企业注重高利润积累，部分企业注重二者之间关系的平衡，这些差别直接导致薪酬水平的不同。

（4）企业文化

企业文化是分配理念、价值取向、目标追求和制度机制的土壤，企业文化不同，必然导致观念和制度的不同，将直接影响企业的薪酬分配机制和薪酬设计原则。

3. 外部环境因素

（1）行业差异

企业在制定薪酬标准时应根据行业特点决定。传统行业与高新技术行业的差异必然在薪酬上有所体现。同行业之间可相互参照，必要时事先做好市场薪酬调查。

（2）当地生活水平

企业所在地区的不同，对企业的薪酬水平影响很大，企业在确定员工的基本薪酬时应考虑当地的生活指数。一般来说，两者之间成正比。

（3）经济形势

经济形势直接影响薪酬水平，在社会经济环境良好时，通常员工的薪酬水平也相对较高。

（4）法律与政策

企业必须在符合政府有关政策的规定下，制订薪酬标准，如最低工资制度、个人所得税征收制度、强制性劳动保险以及各类费用的缴纳制度等。

（5）劳动力供求状况

劳动力供求关系失衡时，劳动力价格会偏离其本身价值。薪酬太低招不来也留不住所需的人才，薪酬过高，无疑会转嫁到成本中，导致企业在市场竞争中处于不利地位。

二、薪酬管理的含义、内容及原则

（一）薪酬管理的含义

薪酬管理是指企业在经营战略和发展规划的指导下，综合考虑内外部因素，确定自身薪酬水平、薪酬体系、薪酬结构和薪酬形式，并进行薪酬调整和控制的过程。作为一种动态管理过程，企业要持续不断的制订薪酬计划、拟定薪酬预算，与员工沟通薪酬管理问题，对薪酬系统的有效性作出评价及完善等。

薪酬管理包括薪酬体系设计和薪酬日常管理两个方面。薪酬体系设计是指薪酬水平设计、薪酬结构设计和薪酬构成设计；薪酬日常管理是由薪酬预算、薪酬支付、薪酬调整组成的循环，这个循环可以称之为薪酬成本管理循环。

薪酬管理对任何一个组织来说都是一个重要而棘手的问题，因为企业的薪酬管理系统一般要同时保证公平性、有效性和合法性，从而达到吸引和留住优秀员工、提高员工工作效率等目标。企业经营对薪酬管理的要求越来越高，但就薪酬管理来讲，受到的限制因素却越来越多，除了基本的企业经济承受能力、政府法律法规外，还涉及企业不同时期的战略、内部人才定位、外部人才市场以及行业竞争者的薪酬策略等因素。

（二）薪酬管理的特点

相比人力资源管理中的其他模块而言，薪酬管理具有自身特点。

1. 敏感性

薪酬管理是人力资源管理中最敏感的内容，因为它涉及每位员工的切身利益。另外，薪酬是员工工作能力和水平的直接体现，员工往往通过薪酬水平来衡量自己在企业中的地位。

2. 特权性

薪酬管理是员工参与最少的人力资源管理模块，管理层认为员工参与薪酬管理会给企业管理增加矛盾，并影响投资者的利益。通常情况下，员工对于企业薪酬管理的过程几乎一无所知。

3. 特殊性

由于薪酬管理具有自身的敏感性和特权性，因此每个企业的薪酬管理差别很大。此外，鉴于薪酬管理本身就有很多不同的管理类型，如岗位工资型、技能工资型、资历工资型和绩效工资型等，所以不同企业之间的薪酬管理有时缺乏参考性。

（三）薪酬管理的内容

完整的薪酬管理应包括以下五方面内容。

第一，薪酬目标，即薪酬应该怎样支持企业战略，如何满足员工的需要，吸引和留住组织需要的优秀员工。

第二，薪酬水平，即薪酬要满足内部一致性和外部竞争性的要求，并根据员工绩效、能力特征和行为态度进行动态调整，包括确定管理团队、技术团队和营销团队薪酬水平，确定跨国公司各子公司和外派员工的薪酬水平，确定稀缺人才的薪酬水平，确定与竞争对手相对的薪酬水平等。

第三，薪酬体系，包括基本工资、绩效工资、期权期股的管理，以及如何给员工提供个人成长、工作成就感、良好职业预期和就业能力的管理。

第四，薪酬结构，即正确划分合理的薪级和薪等，确定合理的级差和等差，还包括如何适应组织结构扁平化和员工岗位大规模轮换的需要，合理确定工资宽带。

第五，薪酬政策，即薪酬决策应在多大程度上向所有员工公开和透明化，谁负责设计和管理薪酬制度，薪酬管理的预算、审计和控制体系如何建立和设计。

（四）薪酬管理的原则

薪酬作为价值分配形式之一，应遵循以下六个原则。

1. 竞争性原则

企业在市场上具有相对较高的薪酬水平，无疑会增强其对人才的吸引力。在薪酬体系的竞争力方面，除了较高的薪资水平和正确的薪酬价值取向外，灵活多样的薪资结构、劳动力市场供求情况等也会影响企业薪酬的竞争力。

2. 公平性原则

公平性是实施薪酬管理时应遵循的重要原则。公平性体现在三个方面：一是外部公平，即在不同企业中，类似职位或技能员工的薪酬应当基本相同；二是内部公平，即在同一企业中，不同职位或技能员工的薪酬应当与各自对企业的贡献成正比；三是个人公平，即在同一企业中，相同或类似职位员工的薪酬应当与其贡献成正比。

3. 激励性原则

在公平性原则中，外部公平与薪酬的竞争原则相对应，内部公平则与薪酬的激励原则相对应。对企业而言，通过薪酬设计激励员工工作积极性和责任心是一种常用的方法，其薪酬分配制度应做到按绩定薪，奖优罚劣；薪酬水平要适当拉开差距，工资结构要有一定的弹性。

4. 经济性原则

薪酬是企业很重要的一项支出，应当在自身可承受的范围支付。虽然高水平的薪酬有利于吸引和激励员工，但超出承受能力的过高薪酬必然给企业带来沉重负担。有效的薪酬管理应当在竞争性与经济性之间找到恰当的平衡点。

5. 动态性原则

企业面临的外部环境处于不断变化之中，因此薪酬管理应当坚持动态性的原则，即根据环境变化随时进行调整，确保企业薪酬的适应性。具体表现为：一是企业整体的薪酬水平、薪酬结构和薪酬形式要保持动态性；二是员工个人薪酬要具有动态性，根据其职位变动、绩效表现进行薪酬的调整。

6. 合法性原则

企业的薪酬管理政策要符合国家法律和政策的有关规定。任何企业的薪酬设计必须以合法性为前提和基础，特别是国家的有关强制性规定，如国家有关最低工资规定、员工加班工资支付规定等,在企业的薪酬管理中是不能违反的。

三、薪酬管理的基本流程

薪酬管理的基本流程主要包括如下六个环节:薪酬策略与需求分析;工作分析与职位评价;市场薪酬调查;薪酬水平与结构确定;薪酬分级与定薪;薪酬体系实施与修正。

（一）薪酬策略与需求分析

制定薪酬战略就是要确定薪酬的价值判断准则以及能够反映企业战略需求的薪酬分配策略。薪酬战略是根据企业总体发展战略和企业人力资源战略制定的,同时薪酬战略也与企业文化密切相关。因此制定企业薪酬政策必须与企业战略、人力资源战略以及企业文化相一致。薪酬政策明确了企业薪酬设计的目标和原则,使薪酬结构设计和薪酬水平确定有了科学依据。企业的薪酬策略通常包括薪酬水平策略和薪酬结构策略两个方面。

薪酬水平是指企业内部各类职位和人员平均薪酬的高低状况,它反映企业薪酬的外部竞争性。常见的企业薪酬水平策略见表6-3。

表6-3 企业薪酬水平策略

策略类型	策略特征
领先型薪酬策略	薪酬水平高于竞争对手或市场薪酬水平的策略。这种薪酬策略以高薪为代价,在吸引和留住员工方面具有明显优势,并将员工对薪酬的不满降到较低程度
跟随型薪酬策略	力图使薪酬成本接近竞争对手的薪酬成本,使本组织吸纳员工的能力接近竞争对手吸纳员工的能力
滞后型薪酬策略	薪酬水平低于竞争对手或市场薪酬水平的策略。采用该策略的企业大多处于竞争性的产品市场,边际利润率比较低,成本承受能力弱
混合型薪酬策略	针对企业不同部门、不同地位、不同人员采用不同的薪酬政策。例如,对核心职位采取市场领先型策略,而在其他职位中实行市场追随型或相对滞后型的薪酬策略

薪酬结构是对同一组织内部不同职位或者技能之间的工资率所做的安排,主要是企业总体薪酬中的固定部分薪酬和浮动部分薪酬的占比,强调的是不同

职位或技能等级的数量、薪酬差距及其标准。可供企业选择的薪酬结构策略见表6-4。

表6-4 企业薪酬结构策略

策略类型	策略特征
高弹性结构策略	绩效工资占主体，基本工资处于次要地位，且所占比例非常低。该策略对员工的激励性很强，员工薪酬完全依赖于其工作绩效的好坏，但是员工收入波动大，员工缺乏安全感及保障
高稳定性结构策略	基本工资是薪酬主体，绩效工资等处于非常次要的地位，所占比例非常低。这种策略使得员工收入波动很小，员工安全感比较强，但缺乏激励功能，容易导致员工懒惰
调和型结构策略	绩效工资和基本工资各占一定比例，对员工既有激励性又有安全感，但是必须制订科学合理的薪酬系统

（二）工作分析与职位评价

工作分析是薪酬设计的首要工作和基础，是全面了解工作并提取各种有关信息的基础性活动。只有对工作有了客观认识，企业才能有效地发现、挑选、培养和奖励员工。职位评价是建立薪酬结构内部一致性过程的重要环节，重在解决薪酬的对内公平性问题。薪酬结构所关注的是企业内部薪酬水平等级的多少和不同薪酬水平之间级差的大小。这就需要系统地确定各种职位的相对价值，在工作分析基础上，划分职位类型，参照岗位说明书，以工作内容、所需技能、对组织的价值以及外部市场为基础，对职位进行综合测定和评价。

工作分析与职位评价的目的有二：① 比较企业内部各个职位的相对重要性，得出职位等级序列，进行职位归级，确定职位工资系数，进而为确定工资收入差别提供量化依据；② 为进行薪酬调查建立统一的职位评估标准，消除企业内部由于职位名称不同或者即使职位名称相同，但实际工作要求和工作内容不同所导致的职位难度差异，使不同职位之间具有可比性，为确保工资的公平性奠定基础。

（三）市场薪酬调查

市场薪酬调查是指企业通过收集信息来判断其他企业所支付的薪酬水平及相关信息，并对收集到的信息进行分类、汇总和分析，最后形成调查报告的过程。市场薪酬调查是薪酬设计中的重要环节，重点解决薪酬的外部竞争力问题。企业通过薪酬调查，了解市场薪酬水平、调整本企业薪酬水平、保持外部竞争力、优化薪酬结构、整合薪酬要素、确定人工成本标准等。市场薪酬调查内容主要包括以下三个方面。

1. 目标企业的薪酬政策

目标企业的薪酬政策具体包括：薪酬的策略是控制成本还是激励或吸引员工；薪酬管理模式是高弹性、稳定模式还是折中模式；薪酬的其他政策，包括加班费计算、试用期限及薪酬标准等。

2. 薪酬的结构信息

薪酬的结构信息主要包括企业职位或岗位的组织结构体系、薪酬等级差、最高等级与最低等级差、薪酬的要素组合（基本工资与浮动工资的比例）、货币工资与福利工资的比例、绩效工资的设计等。

3. 薪酬的纵向与横向水平信息

薪酬的纵向与横向水平信息包括基本薪酬信息、可变薪酬信息及福利薪酬信息等。

（四）薪酬水平与结构确定

1. 确定薪酬水平

薪酬水平反映企业薪酬相对于当地市场薪酬行情和竞争对手薪酬绝对值的高低。影响企业薪酬水平的因素主要有当地劳动力市场状况、企业性质与特征、相关法律法规及物价、地区与行业、企业负担能力等。

在进行薪酬市场调查的基础上，将价值相同的若干种工作或技能水平相同的若干员工划分薪酬等级后，就需要绘制市场薪酬曲线，即以市场调查得到的薪酬水平为纵轴，以薪酬等级为横轴，建立各种工作薪酬市场水平线。

一个企业可以使其员工的薪酬水平高于、相当于或低于自己竞争对手的薪酬水平。外部公平要求企业在设计和管理薪酬时要充分考虑外部市场薪酬水平。同时，薪酬管理部门需要不断关注外部的薪酬变化情况，特别是主要竞争对手的薪酬变动。

2. 确定薪酬结构

薪酬结构是指企业中各项职位的相对价值及其与对应的薪酬之间保持怎

样的关系。它强调薪酬水平等级的多少，不同薪酬水平之间级差的大小以及决定薪酬级差的标准。薪酬结构设计首先要符合公平原则，即决定薪酬的过程要公平，实际结果要公正。过程公平强调薪酬设计和管理决策的制订过程是否合理、依据是否科学；结果公正强调内部薪酬之间实际差异的大小是否合理。在薪酬设计中，要综合考虑风俗习惯、经济环境、法律法规、组织战略、工作设计、政府政策等外在因素的影响。薪酬结构重在解决企业内部一致性问题，即内部公平性问题。具体所要强调的是职位或者技能等级的数量、不同职位或者技能等级之间的薪酬差距，以及用来确定这种差距的标准，但并不意味着员工薪酬结构决策就可以脱离外部竞争性而独立进行。事实上，薪酬结构决策是在内部一致性和外部竞争性两种有效性标准之间进行平衡的结果。

企业薪酬结构反映企业的分配哲学，即依据什么原则确定员工的薪酬。确定员工薪酬时，要综合考虑三个方面的因素：① 员工职位等级；② 员工技能和资历；③ 员工工作绩效。

在工资结构上，与其对应的分别是职位工资、能力（技能）工资和绩效工资。薪酬结构实际是指企业中各种工作之间薪酬差异的绝对水平。一般来说，企业薪酬结构要实现内部一致性，至少应具备以下三个特征：① 对实现企业整体目标贡献越大的员工，所得到的薪酬越多；② 完成工作所需要知识和技能越多的岗位，所得到的薪酬越多；③ 所处职位风险越高的员工，所得到的薪酬越多。

（五）薪酬分级和定薪

薪酬等级是在职位价值评估结果基础上，将职位价值相近的职位归入同一个管理等级，并采取一致的管理方法处理该等级内的薪酬管理问题。企业的薪酬等级类型主要有分层式薪酬等级和宽泛式薪酬等级。分层式薪酬等级由于等级较多，每个等级薪酬浮动幅度一般较少，在成熟的、等级型的企业中较常见。宽泛式薪酬等级的特点是企业包括的薪酬等级少，呈平行形，员工薪酬水平的提高既可以因个人岗位级别向上发展而提高，也可以因横向工作调整而提高。宽泛式薪酬等级类型在不成熟的、业务灵活性强的企业中较常见。

建立薪酬等级，首先要将各个职位划分成不同的等级，划分的依据是职位评价的结果。每个等级中的职位，其职位评价的结果应当接近或类似。职位等级确定后，还需要确定各个等级的薪酬变动范围，即薪酬区间。

（六）薪酬体系的实施与修正

企业薪酬体系建立后，投入正常运作的基础和前提是建立客观、科学的绩效考核机制，对各层级员工的工作业绩等进行认真的考核评估。同时，在实施过程中，要及时沟通，不断反馈在操作过程中出现的问题，并不断予以修正和调整，使薪酬体系设计尽量趋于合理或使员工满意。因此，在薪酬制度运行中要形成有效的反馈机制，全面把握实施效果，及时分析总结，发现问题及时修正、调整，尽量做到相对公平，从而促进企业有效实现薪酬目标和经营战略。

第二节 基本的薪酬体系设计

企业基本的薪酬体系设计主要有职位（岗位）薪酬体系、能力（技能）薪酬体系、绩效薪酬体系以及组合薪酬体系。职位薪酬体系突出职位价值，以职位评价为基础；能力薪酬体系以职位执行能力的评价为基础；绩效薪酬体系以对员工绩效的考核为基础；组合薪酬体系是以职位、能力和绩效三者的不同组合为主体形成的薪酬体系。下面对职位薪酬体系、能力薪酬体系和绩效薪酬体系逐一进行介绍。

一、职位薪酬体系

（一）职位薪酬体系的含义及特点

职位薪酬体系是对每个职位所要求的知识、技能以及职责等因素的价值进行评估，根据评估结果将所有职位归入不同薪酬等级，每个薪酬等级包含若干综合价值相近的一组职位，然后根据市场上同类职位的薪酬水平确定每个薪酬等级的工资率，并在此基础上设定每个薪酬等级的薪酬范围。

职位薪酬体系是企业使用最多的薪酬制度，其最大特点是薪酬的给予"对岗不对人"。薪酬水平差异来源于员工职位（岗位）不同，很少考虑员工的年龄、资历、技能等个人因素。职位薪酬体系的特点：① 根据职位（岗位）支付薪酬；② 以职位分析为基础；③ 具有较强的客观性。

职位薪酬体系是建立在"每个职位上的人都是合格的"以及"不存在人岗不匹配情况"假设的基础之上，而这种薪酬制度体系并不鼓励拥有跨职能的其他技能。可见，职位薪酬体系既有明显的优点，同时也存在一定的缺点。

职位薪酬体系优点：① 实现了真正意义上的同工同酬，体现了按劳分配原则；② 按照职位系列进行薪酬管理，操作比较简单，管理成本低；③ 晋升和基本薪酬之间的连带性增强了员工提高自身技能和能力的动力。

职位薪酬体系缺点：① 薪酬与职位直接挂钩，当员工晋升无望时，其工作积极性必然受挫，甚至出现消极怠工或者离职的现象；② 职位稳定，薪酬也相对稳定，不利于企业对多变的外部经营环境作出迅速反应，也不利于及时激励员工。

（二）职位薪酬体系的类型

职位薪酬体系的类型主要有职位等级薪酬制和职位薪点薪酬制两种形式。

1. 职位等级薪酬制

职位等级薪酬是指将岗位按重要程度进行排序，然后确定薪酬等级的薪酬制度。职位等级薪酬制有两种主要形式：一岗一薪制和一岗多薪制。

（1）一岗一薪制

一个岗位只有一个薪酬标准，岗内不升级，同岗同资。新员工上岗采用"试用期"的办法，试用期满即可执行岗位薪酬标准。这种薪酬制度简便易行，但岗位内部难以体现差别，缺乏激励。一岗一薪制比较适用于专业化、自动化程度高，流水作业，工作技术比较单一的工作岗位。

（2）一岗多薪制

一个岗位内设置几个薪酬标准，以反映岗位内部员工之间的劳动差别。岗位内部级别根据不同工作的技术复杂程度、劳动强度、责任大小等因素确定，薪酬的确定同样是依据岗位要求而确定。实行一岗多薪制，员工在一个岗位等级内可通过逐步考核升级，直到其薪酬达到本岗位最高标准。其优点在于员工薪酬增长渠道和机会增多，不晋升或变换岗位也能增加薪酬；在企业需要缩减人工成本时，可以灵活控制员工的薪酬增长速度和水平。

2. 职位薪点薪酬制

在职位评价基础上，用点数和点值来确定员工薪酬的一种弹性薪酬分配制度。其主要特点是薪酬标准不是以金额表示的，而是用薪点表示，并且点值的大小由企业或部门的经济效益确定。职位薪点薪酬制的关键是确定员工的薪点数和薪点值，其优点是每个岗位的价值直接以工资报酬形式标出，可以使劳动所得与劳动付出更相符。这种薪酬制度适用于岗位比较固定、以重复性劳动为主的岗位。

（三）职位薪酬体系的实施条件

企业在选择实施职位薪酬体系时，只有满足以下条件才适合采用职位薪酬体系。

第一，职位内容已经明确化、规范化、标准化。职位薪酬体系要求纳入本系统中的职位本身必须明确具体，企业必须保证各项工作有明确的专业知识要求，责任清晰，同时这些职位所面临的工作难点是具体、可以描述的。

第二，职位工作内容基本稳定，在短期内不会有太大变动。只有这样，企业内部工作序列关系的界限才会比较明显，不至于因职位内容频繁变动而致职位薪酬体系的相对稳定性和连续性遭到破坏。

第三，具有按个人能力安排职位的岗位配置机制。企业选择职位薪酬体系时，必须能够保证按照员工个人能力安排其合适的职位，既不能存在能力不足以担任高等职位的现象，也不能出现高能力者担任低等职位的情况。

第四，存在相对较多的职位等级。企业确保能够为员工提供一个随着个人能力提升从低级职位向高级职位晋升的机会和通道，否则就会阻塞员工的薪酬提升通道，加剧员工晋升竞争，损伤员工工作积极性。

第五，薪酬水平足够高。员工的主要收入来自职位本身，其他收入所占比重很少，通过晋升提高薪酬水平机会有限，如果企业总体薪酬水平不高，职位等级又很多，处于职位序列最底层员工得到的薪酬就会较少，薪酬的激励功能更无从谈起。

二、能力薪酬体系

（一）能力薪酬体系的含义及特点

能力薪酬体系是指企业根据员工所掌握的与工作有关的技能、能力以及知识的深度和广度来支付薪酬的一种基本薪酬制度。该体系认为员工薪酬差异主要来自其能力水平差异，而非职位等级（价值）高低，主要适用于企业中的技术工人、技师、科技研发人员、专业管理者等。

能力薪酬体系的特点：① 企业关注的是员工在获取组织需要的知识、技能和能力方面的差异，而不是员工所从事的工作差异；② 薪酬与员工的技能和能力紧密相连；③ 能力薪酬奖励的是员工作出贡献的潜能。该体系的假设条件是：员工掌握的知识和技能越多，其工作效率就越高，灵活性也越强。实际上，掌握工作所需要的知识、技能和能力只是员工作出贡献的必要条件，不是充分条件。

能力薪酬体系的优点：① 激励员工掌握企业所需要的知识、技能；② 员工注重能力提升，职业发展路径更加宽广；③ 员工能力不断提升，增强企业应对内外部环境变化的能力，岗位配置弹性提高；④ 有利于优秀专业人才安于本职工作，而不去一味地谋求晋升或管理职位，确保关键员工的稳定。

能力薪酬体系的缺点：① 能力是一种潜在生产力，企业需要在培训方面给予更多的投资；② 高能力员工未必有高的产出，即能力薪酬的假设未必成立，关键看员工是否投入工作；③ 能力薪酬体系因人而异，薪酬体系设计和管理困难，加大了工作难度。

（二）能力薪酬体系的类型

能力薪酬体系的类型主要有技术工资制和能力工资制。

1. 技术工资制

技术工资制是以应用知识和操作水平为基础的工资，主要用于专业技术人员和"蓝领"员工。员工获得技术工资的前提是从事企业认可的专业技术工作，未从事企业认可的专业技术工作的员工，企业不向其发放技术薪酬。技术工资制多用于生产制造业企业。

2. 能力工资制

能力工资制是依据员工对能力的获得、开发和有效使用来支付工资，是建立在比技术范围更广泛的知识、经验、技能、自我认知、人格特征、动机等综合因素基础上的工资体系，现已成为提升员工基本素质、增强企业综合竞争力的重要手段。

在实践中，能力薪酬体系的形式主要表现为基于技术、知识、岗位胜任能力、岗位任职资格等要素来确定薪酬。这四种能力薪酬的特征和适用范围见表6-5。

表6-5 四种能力薪酬的特征和适用范围

能力薪酬	侧重点	能力来源	能力架构	适用范围
技能工资	关注相对具体的技术和知识	具体工作要求和技术要求	基于技能的深度和广度的技能模块	技术工人及从事单一工作的专业技术人员
知识工资	关注相对具体的技能和知识	与培训密切相关，关注员工学习成果	基于培训的学分体系	技术工人及专业管理、服务和研究人员
胜任力工资	关注相对核心和抽象的素质、潜质	与组织使命感、愿景、价值观、战略密切相关，关注员工的特质和动机	基于文化和战略导向的胜任力模型	中高层管理者和知识白领
任职资格工资	综合经验、技能、知识、素质等因素	与任职资格体系相关，薪酬与职业发展密切联系	基于综合的任职资格体系	专业性的管理类、技术类和服务类人员

（三）能力薪酬体系的设计流程

能力薪酬体系常与宽带薪酬结合在一起，将若干个以能力素质定价的工资等级划分在一个宽带之中，一个薪酬宽带包括几个甚至十几个工资等级。工作性质大体类似的职位归入同一个薪酬宽带中，从而使薪酬更加具有竞争力和激励性。能力薪酬体系设计的基本流程如下。

1. 构建能力素质模型

企业可以通过战略导向法、行为事件访谈法和标杆研究法等方法构建企的能力素质模型。

2. 能力素质定价

能力素质定价即对每种能力素质及其组合进行定价。其定价方法有两种：① 基于市场定价，根据相同素质在其他企业所能获得的报酬来确定能力素质价格；② 基于绩效定价，根据每项能力素质与绩效的相关性来确定能力素质的价格。

3. 建立基于能力素质的薪酬结构

多采用宽带薪酬结构，基本步骤如下：① 确定宽带个数；② 根据每个宽带平均能力素质水平，并结合能力素质定价水平，确定该宽带的中点值；③ 确定每个宽带的上限和下限；④ 确定每一水平能力素质的工资。

4. 评估员工能力素质，确定其薪酬水平

企业可以使用评价中心或基于能力素质模型的360度评估等方式对员工的能力进行评估，以充分了解员工的能力状况，与其所任职位的能力素质等级进行相应匹配，从而确定该员工的薪酬水平。

（四）能力薪酬体系的实施条件

能力薪酬体系的有效实施一般应具备以下条件。

1. 扁平化的组织结构

该组织结构基于工作流程为中心构建；纵向管理层次简化，大幅削减了中层管理者；组织资源和权利下放于基层，快速响应市场变化。能力薪酬体系适应扁平化组织结构的上述特点，能够促使员工的注意力从职位晋升转向技能的学习和运用。

2. 工作结构性高、专业性强的岗位

该类岗位所需技能相对确定，因此员工技能水平高低将直接影响工作完成效率和质量好坏。组织根据员工技能高低为员工发放薪酬，可以促进员工努力提高自身的技能水平。

3. 需要员工掌握深度或广度技能的岗位

深度技能培养的员工是专家，广度技能培养的员工是通才。如果岗位所要求的技能水平高、范围广，但当前技能基准很低，员工技能水平急需大幅度提高时，采用能力薪酬体系可以鼓励员工持续学习，不断提高技能。

4. 高度的员工参与

在设计和实施能力薪酬体系的过程中，需要不断从员工那里获取真实的信息反馈和建议，以便修改和完善方案。同时，能力分析与评价、能力模块的定价等都离不开员工的积极参与。

5. 管理者的支持

能力薪酬体系的实施需要管理层和员工对双方的关系持有一种长期的态度，只有这种长期的态度才能保持对能力的长期强调，这恰恰是能力薪酬体系有效运作的前提条件之一。

三、绩效薪酬体系

（一）绩效薪酬体系的含义及特点

绩效薪酬体系是对员工超额工作部分或工作绩效突出部分所支付的奖励性报酬，旨在鼓励员工提高工作绩效。它是对员工过去工作行为和已取得成就的认可，通常随员工业绩的变化而调整。常用的形式有绩效加薪、一次性奖金和个人特别绩效奖。

绩效薪酬的前身是计件工资。绩效薪酬体系以对员工绩效的有效考核为基础，将薪酬与考核结果相挂钩，注重对员工绩效差异的评价。企业利用绩效薪酬对员工进行调控，通过对绩优者和绩劣者收入的调节，激发员工的工作积极性。

绩效薪酬体系的优点：① 有利于企业目标与个人目标协同发展，提高人力资源使用效率；② 员工薪酬与其业绩直接挂钩，使企业薪酬的支付更具客观性和公平性；③ 有利于工资向业绩优秀者倾斜，提高企业效率和节省工资成本；④ 激励效果明显，有利于吸引和留住高绩效员工。

绩效薪酬体系的缺点：① 在绩效标准不公平的情况下，很难做到科学并准确；② 过分强调个人绩效回报会对企业的团队合作精神产生不利影响；③ 刺激高绩效员工与实际收入相背离的现象，难以确定提高绩效所需要的薪酬水平；④ 破坏组织与员工之间的心理契约，增加管理层与员工、优秀员工与普通员工之间的摩擦。

（二）绩效薪酬的类型

绩效薪酬的种类选择与组织经营战略、经营状况、人员及结构等密切相关。绩效薪酬具有多种类型，根据激励对象可分为个体绩效薪酬和群体绩效薪酬（团队绩效薪酬）；根据时间维度可分为短期绩效薪酬和长期绩效薪酬。在实践中，根据绩效与薪酬挂钩的方式不同可分为业绩工资和激励工资。业绩工资侧重于对过去工作的认可，激励工资则以支付工资的方式影响员工将来的行为；业绩工资往往不会提前被员工所知晓，激励工资制度在实际业绩达到之前就已确定；业绩工资通常加到基本工资里，是永久性增加，激励工资往往是一次性支付，对劳动力成本没有永久性影响。业绩下降时，激励工资也会自动下降。

1. 业绩工资

业绩工资是指员工的基本薪酬可以根据其工作业绩或成就而得到永久性增加的一种薪酬制度，是绩效薪酬体系的一种基本形式。常见的业绩工资类型有业绩加薪和业绩奖金两种。

（1）业绩加薪

基本薪酬的增加与员工在某种绩效评价体系中所获得的评价等级联系在一起，以对员工绩效的有效考核为基础，实现工资与考核结果的挂钩。

（2）业绩奖金

业绩奖金，也称一次性奖金，从广义上来讲，它属于业绩加薪的范畴，但不是在基本薪酬基础上的累积性增加，而是一次性支付的业绩加薪，因为员工年终依据本人或组织绩效得到的奖金并不计入基本薪酬。

2. 激励工资

激励工资是指组织根据员工是否达到组织与员工事先商定的标准、个人或团队目标，或者组织收入标准而浮动的薪酬，它是根据绩效评价结果支付的、旨在激励员工绩效的组合薪酬形式，激励工资也和业绩直接挂钩。根据激励对象和目标的不同，可分为个人激励计划、群体（团队）激励计划和组织激励计划。

（1）个人激励计划

根据员工工作绩效决定其奖金多少。主要有两种形式：个人工作成果直接决定奖金的模式；绩效考核结果决定奖金的模式。

（2）群体（团队）激励计划

根据团队或部门的绩效确定奖金发放的奖励计划，有利于引导员工之间的合作。主要包括利润分享计划、收益分享计划和成功分享计划。

（3）组织激励计划

将企业中全体员工纳入奖励对象的激励计划，根据组织整体绩效确定奖金发放事宜，通常根据关键绩效指标完成情况确定整个企业的奖金发放额度。主要包括股票期权计划和员工持股计划。

（三）绩效薪酬体系的设计流程

基于岗位价值和业绩导向的薪酬结构，即岗位绩效薪酬形式，是当前薪酬设计的主流之一，其具体设计流程如下。

1. 梳理工作岗位

分析不同岗位之间划分的合理性：工作职责是否明确；各岗位间工作联系是否清晰、合理。工作分析结果是形成岗位清单和各个岗位的工作说明书。

2. 进行岗位价值评估

选择岗位价值评估工具，组织企业内外部专家逐个对岗位进行评价。评价岗位较多时可优先考虑计分法，其优点是结果量化直观，便于不同岗位间的价值比较。

3. 岗位分类与分级列等

岗位分类与分级列等包括：① 对岗位进行横向职系分类；② 根据评价结果按照一定分数段进行纵向岗位分级；③ 考虑不同岗位级别的重叠幅度。分级时应考虑两个平衡：不同职系间岗位的平衡和同类职系岗位的平衡。不同职系和级别的岗位薪酬水平不同。

4. 确定薪酬水平与薪酬结构

根据岗位分等列级结果，对不同级别岗位设定薪酬水平。

以设定的岗位薪酬水平为该岗位的薪酬总额，依据不同职系的岗位性质确定薪酬结构，包括确定固定部分与绩效浮动部分比例，以及工龄工资等各种补贴的其他工资构成部分。

5. 进行薪酬测算

基于各岗位确定的薪酬水平和员工人数，对薪酬总额进行测算，做到既兼顾公平又不会出现较大幅度的偏差。

6. 对薪酬定级与调整等作出规定

从制度上规定员工工资入级和岗位调整规则。在岗位绩效薪酬中明确对员工薪酬调整和绩效考评的关系、薪酬发放时间，以及发放形式是否采取密薪制等。

（四）绩效薪酬体系的实施条件

为了有效发挥绩效薪酬体系的优势，企业实施时需要满足以下条件。

第一，具有一整套有效的绩效管理体系。科学有效的绩效管理体系能够客观、真实地反映员工业绩，确定考核结果，并进行工资的计算和发放。

第二，岗位的工作业绩、工作产出容易量化。如果员工的工作业绩不易量化，就很难确定工作绩效和薪酬之间的关系，进而难以计算和发放工资。

第三，薪酬变动幅度和范围足够大，各档次之间能够拉开距离。只有这样才能发挥绩效薪酬的激励性。如果增加工资的幅度不如其他结果（休假）有吸引力，绩效薪酬就无法对员工起到激励作用。

第四，企业文化氛围支持业绩评估系统的实施和运作。企业只有形成以追求高绩效为核心的绩效文化，绩效理念才能深入人心，绩效评估系统实施和运作才能落到实处，绩效薪酬才能成为真正引导和调整员工行为的有效管理手段。

在实践中，企业可以采用一种薪酬体系，也可同时采用两种或三种薪酬体系。不同的薪酬体系有其不同的使用对象、特点和导向性，且优缺点各异，因此，企业应根据自身特点分情况加以采用。

第三节　奖金与福利管理

奖金与福利是员工薪酬的重要组成部分之一。由于奖金常根据员工工作绩效浮动,因而属于可变薪酬的重要内容之一。此外,企业需要经常检查自己的福利计划,以了解这些福利项目是否适合当前员工的需要。

一、奖金管理

(一)奖金概述

1. 奖金的含义

奖金是为了奖励那些已经超额或超标准完成某些绩效标准的员工,或为了激励员工去完成某些预定的绩效目标,而在基本工资基础上支付的可变的、具有激励性的报酬。简单来说,奖金是企业对员工超额劳动部分或劳动绩效突出部分所支付的奖励性报酬,其支付依据是绩效标准。

奖金的作用主要体现在以下三个方面:一是激励作用。奖金能增加员工收入,体现组织对员工工作结果的认可,因而对员工有激励作用,使员工能够更好地发挥积极性、主动性和创造性。二是提高效率。由于奖金计划主要用来考查员工工作结果及其对组织的贡献,因此,有效的奖励机制能促使员工提高工作效率,改善绩效水平。三是稳定人才。合理的奖励机制有助于组织留住优秀人才。当员工的付出与其收入相一致时,员工就会有成就感,就会增加对组织的忠诚度。

2. 奖金的类型

从总体奖励报酬的角度来看,我们可以把奖金分成货币化奖金和非货币化奖励两种类型,而非货币化奖励又可以分为五种基本形式,即社会强化激励(如表扬)、实物奖励、旅行奖励、象征性奖励、休假奖励。货币化奖金包括如下。

(1)短期奖金

绩效加薪。其特点是:累加性,直接添加到基本工资中,每次加薪后基本工资额都获得增长,下一次加薪在已增加的基本工资额基础上进行;不同的绩效评价等级对应不同的工资涨幅;要达到"最低限度有意义的加薪",即要支付员工认为有奖励意义的最低加薪额。

一次性奖金。属于"非累积性绩效加薪",每次加薪并不增加工资基数,而是按绩效评价水平给予一次性奖金。

个人特别绩效奖。具有一定的针对性和灵活性,可突破基本奖励制度在支付额度、周期以及对象上的局限;操作比较简单,即谁的业绩特别突出就特别奖励谁。

(2)长期奖金

员工持股计划(ESOP),是企业所有者与员工分享企业所有权和未来收益权的一种制度安排。员工通过购买企业部分股票(或股权)而拥有企业的部分产权,并获得相应的管理权。在实践中,员工持股计划往往是由企业内部员工出资认购本公司的部分股权,并委托员工持股会管理运作,员工持股会代表持股员工进入董事会参与表决和分红。

股票期权计划,是指上市公司授予公司员工(一般是高管和核心技术人员)在未来一段时间内,以事先商定的价格和条件认购自己公司一定数量股票的权利。它是公司所有者授予公司员工的一种特权,不能转让,期权价值只有在公司得到发展、每股净资产提高、股票市价上涨后才能真正体现。股票期权是一种未来概念,如果员工在股票期权到期日之前离开公司,或者经营者无法达到约定的业绩目标,这种权利就会被放弃。

(3)群体奖金

利润分享计划,是企业根据对某种组织绩效指标(通常是财务指标)的衡量结果向员工支付报酬的绩效奖励模式。员工可根据组织整体业绩获得年终奖或者股票,或者是以现金或延期支付的形式分得红利。在实际运用中,利润分享计划在成熟型企业中较为有效。

收益分享计划,是企业提供的一种与员工分享由生产率提高、成本节约和质量提高而带来收益的奖金计划。一般情况下,员工按照一个事先设计好的收益分享计划,根据该员工所在组织的总体绩效改善状况获得奖金。收益分享计划兴起于20世纪30年代,近年来,伴随着组织变革和薪酬实践的发展,收益分享成为一种典型的团队绩效薪酬形式。

成功分享计划,又称目标分享计划,是运用平衡计分卡为某个经营单位制订目标(包括财务和非财务目标、过程和结果目标等),然后对超越目标的情况进行衡量,并根据衡量结果对经营单位提供绩效奖励的一种做法。

(二）针对特殊人员的奖酬计划

特殊人员一般具有两个特征：一是在企业中处于矛盾冲突交接位置，或者其工作性质和环境有特殊的要求，面临的工作压力较大，需要有更专业的知识和技能；二是其工作完成的好坏对整个企业经营状况有很重要的影响。因此，对特殊人员的激励有全局性的重要意义，并且这种激励具有很强的针对性。

1.公司董事的奖励报酬

公司内部董事的奖励报酬包括在高层经理人员的奖励报酬中。外部董事的奖励报酬主要有聘金（年薪）、董事会议费、委员会会议费、委员会委员津贴。目前，董事股票激励计划越来越流行。

2.高层经理人员的奖励报酬

企业对高层经理人员的奖励报酬主要有四类：① 一次性绩效奖金，包括非固定奖励、活动绩效奖金、预定分配奖金、目标计划奖金；② 短期激励，包括利润分享计划、收益分成计划、一次性绩效奖；③ 长期激励计划，包括非法定股票期权、激励性股票期权、附加期权、股票增值权、限制性股票、业绩股票、虚拟股票等，有利于员工与组织形成利益共同体；④ 特权奖励，包括体检、公司提供交通用车、金融咨询、乘头等舱外出、俱乐部会员资格、个人资产管理、伤残保险、携配偶外出旅行、专用司机和车位、家庭保险计划、低息或无息贷款等。

3.技术研发人员的奖励报酬

企业对技术研发人员的奖励报酬有以下四种：① 基于双重职业发展通道（技术晋升阶梯和管理晋升阶梯），将一些运用于管理人员的分享计划和股票增值计划施行于技术研发人员；② 对技术研发人员技能认证等级提升、专利发明等进行奖励；③ 为技术研发人员提供轻松、富有校园氛围的工作环境；④ 灵活安排技术研发人员的工作时间和工作方式等。

4.销售人员的奖励

销售人员的奖励方式包括纯基薪计划、纯佣金计划、基薪＋佣金计划、基薪＋奖金计划。企业实践中，前两者比较少用，而后两者较为常用。

（1）基薪＋佣金计划

基薪部分是公司为销售人员的经验、技能、知识和服务素质所支付的报酬；

佣金部分是将实现的销售业绩对个人进行分享性的支付,其目的在于将风险性和保障性结合在对销售人员的薪酬支付之中。

(2)基薪+奖金计划

基薪+奖金计划与"基薪+佣金计划"的区别在于体现激励性的报酬是奖金而不是佣金,其奖金与事先订立好的绩效目标紧密联系,只有在销售业绩达到目标或定额后,企业才会按一定比例给予奖励。

(三)奖金的发放程序

1. 确定奖金总额

奖金总额的确定一般有三种方法。

按组织实际经营效果和实际支付的人工成本确定奖金总额。公式为:

奖金总额=生产(或销售)× 标准人工成本费用 – 实际支付工资总额

按组织年度产量(销售量)的超额程度确定奖金总额。奖金是对目标产量(销售量)的超额程度等比例提取,或按累计比例提取。其公式为:

奖金总额=(年度实际销售额 – 年度目标销售额)× 计奖比例

按成本节约量的一定比例确定奖金总额。其主要目的是激励员工为组织生产和经营成本节约作出贡献。其公式为:

奖金总额=成本节约额 × 规定奖金比例

2. 确定奖金比例

确定奖金比例的内容包括两方面:奖金提取的额度和奖金分配的各种比例关系。

奖金比例的确定需要注意以下几点。

(1)奖金与标准工资的比例关系

奖金是超额贡献的报酬,工资是定额劳动的报酬。奖金不应超过薪酬总额的一定比例,如比例过高,说明劳动定额太低,员工很容易完成任务,造成人力资源闲置;如比例太低,则不能够发挥奖金的激励作用。

(2)奖金占超额贡献的比重

奖金是超额贡献部分但不是全部超额贡献的报酬,应考虑适当的比例。一般来说,奖金在超额贡献报酬中所占比重,应高于基本工资所占比重。

（3）各类人员的奖金标准比例

主要是指共同创造的超额劳动成果在集体成员之间的报酬分割。一般情况下，根据指标完成情况和工作责任两个因素，即主要职务高于辅助职务、复杂劳动职务高于简单劳动来确定内部奖金分配比例。

3. 确定奖金发放方法

常用的奖金发放方法有计分法和系数法。

（1）计分法

将各项奖励条件规定最高分数，有定额的员工按照超额完成情况进行评分，无定额员工按照任务完成情况评分；最后按照奖金总分求出每位员工奖金的分值。

（2）系数法

在对岗位进行工作评价的基础上，根据岗位贡献大小确定岗位得奖系数，然后根据个人完成任务情况，按系数进行分配。

二、员工福利设计与管理

（一）员工福利的含义及特点

员工福利是总报酬的重要组成成分，多表现为非现金收入和非劳动收入。它是一种普惠制的报酬形式，通常采取间接支付的形式。

员工福利具有以下特点：① 补偿性。福利是一种对员工为组织提供劳动的物质补偿，也是员工薪酬收入的补充分配形式，只起到满足员工有限生活需要的作用。② 均等性。福利与工资、奖金不同，它不是以员工对企业的相对价值或自身绩效为基础，而是只要符合享受条件的组织员工，不论职位高低都可以享受。③ 集体性。员工通过集体消费或共同使用公共设施的方式分享员工福利。集体消费或共同使用企业的公共物品在满足员工的某些物质需求外，还可以强化员工的团队意识和对组织的归属感。

（二）员工福利的功能

1. 激发员工工作积极性

完善的企业福利制度有助于激发员工的进取心，提高员工的工作积极性。

同时，一个企业福利搞得好，可以提高组织声誉，吸引更多优秀人才加入，有助于激活组织的动态性和创造性，增强组织内部的协作精神。

2. 增加员工隐性收入

福利多为非货币和延期支付形式，可以享受税收的优惠，相比货币收入能够提高员工的实际收入水平，尤其是实物福利。事实上，员工福利中的许多内容是员工工作或生活所必需的，即使企业不为员工提供，员工也要花钱去购买，在许多商品和服务的购买方面，团体购买显然比个人购买更具有价格方面的优势。

3. 满足员工多样化需求

员工福利既可以满足员工在生理和安全上的需要，也能满足员工的平等和归属感的需要，既可以是实物，也可以是服务或学习成长。如各类社会保险和企业补充性保险可以满足员工的安全需要；带薪休假、集体旅游和企业内部各种宴会等项目则可以使员工在紧张的工作之余调整生活节奏，放松身心，获得感情上的满足。

4. 营造和谐的企业文化

福利体现了企业对员工的情感投入和人文关怀，借助于它可以传递企业的经营理念和企业价值观。企业通过福利为员工提供各种形式的照顾和实惠，从工作保障、工作条件和其他经济利益上提高员工满意度，让员工感受到企业的关怀和重视，增强企业的向心力和凝聚力。

（三）员工福利的种类

员工福利按照其指定的依据可分为法定福利和非法定福利。

1. 法定福利

法定福利也称基本福利，是指依据国家法律法规和政策规定，企业必须为员工提供的各种福利，其特点是企业只要建立并存在，就必须按照国家统一规定的福利项目和支付标准支付，不受企业所有性质、经济效益和支付能力的影响。在我国，法律规定的企业必须提供的福利包括法定的社会保险、住房公积金、法定假期以及其他假期等。

法定的社会保险主要包括养老保险、失业保险、医疗保险、工伤保险和生育保险。

住房公积金是单位及其在职职工缴存的长期住房储金，主要包括个人缴存的住房公积金和员工所在单位为员工缴存的住房公积金，它属于员工个人所有。

法定假期是指根据国家、民族风俗习惯或纪念要求，由国家法律统一规定的用以进行庆祝及度假的休息时间。法定假期的休假安排，为居民出行、购物和休闲提供了时间的便利，为拉动内需、促进经济增长作出了积极贡献。我国的法定假期主要包括公休假日、法定休假日、带薪年休假和其他假期。除上述法定假期外，还有一些假期，如病假、探亲假、婚丧假、产假、配偶生育假等也属于法定福利范畴。

2. 非法定福利

非法定福利，也称自愿性福利，它是企业根据自身经营状况、管理特色和员工内在需求而有目的、有针对性地设置的一些符合企业实际情况的福利。企业的非法定福利种类较多，形式灵活，主要的非法定福利包括企业补充保险计划和员工服务福利。

（1）企业补充保险计划

企业补充保险与强制性的法定社会保险不同，是由企业自主设立的、具有针对性的员工福利计划。一般包括补充养老保险计划、补充医疗保险计划、补充性住房计划等。

（2）员工服务福利

员工服务福利是指企业向员工提供的各种服务福利。通常包括员工帮助计划、咨询服务、教育援助计划、家庭援助计划、饮食服务、健康与文体娱乐服务、员工住宿设施、交通服务、金融性服务等福利。

员工帮助计划（EAP）是由企业为员工设置的一套系统、长期的福利与支持项目，即通过专业人员对组织的诊断、建议和对员工及其直系亲属提供专业指导、培训和咨询，旨在帮助解决员工及其家庭成员的各种心理和行为问题，提高员工在企业中的工作绩效。咨询服务主要包括财务咨询、家庭咨询、职业生涯咨询、法律咨询、重新谋职咨询以及退休咨询等。教育援助计划是指通过一定的教育或培训手段，提高员工素质和能力的福利计划，可分为内部援助计划（在企业内部进行培训和学习）和外部援助计划（学费报销计划，鼓励员工提高知识和技能）。家庭援助计划主要包括企业为员工提供的儿童看护帮助和老人护理服务。

企业补充福利不是法律强制的，但却是吸引、激励和留住优秀员工的有效手段。企业应根据自身的行业特点、规模、实力、人才市场供求状况、员工特点等权衡选择相应的福利项目，制订员工福利制度。

（四）福利制度的设计

1. 影响员工福利设计的因素

员工福利设计受到多种因素影响，这些因素既有来自组织内部的因素，也有来自组织外部的因素，主要有以下几种：① 国家的政策法规；② 竞争对手和行业福利水平；③ 企业经营者的经营理念；④ 企业文化；⑤ 员工的生活成本；⑥ 对企业薪酬发放的控制；⑦ 工会组织的要求。

2. 员工福利设计的流程

员工福利设计不仅要与企业发展目标相适应，与国家有关法律、法规相协调，还涉及企业各部门的参与、员工福利信息的沟通等。一般而言，员工的福利设计流程包括以下环节：① 确定员工福利宗旨和目标；② 员工福利需求分析；③ 员工福利成本分析；④ 制订员工福利计划；⑤ 员工福利计划实施；⑥ 员工福利效果评估与反馈。

一套好的福利管理制度的评价标准有：① 恰当的。对外具有竞争力，对内符合企业战略、企业规模和经济实力。② 可支付的。福利项目要在企业可以支付的范围进行设计。③ 可理解的。各个福利项目的设计和表述能够很容易被员工所理解，选择时不会产生歧义。④ 可操作的。福利项目是切合实际的、可实施的。⑤ 可变动的。福利方案要灵活设计,能够尽量满足各类员工的不同需求，具有自我调节能力。

第七章 人力资源劳动关系管理

第一节 劳动关系的基本理论

一、劳动关系的概念

近年来劳资纠纷、劳动争议不利于建立稳定、和谐的劳动关系。劳动关系是社会生产和生活中人与人之间最重要的联系之一。全世界大多数劳动人口正在用主要精力从事工作,并将工作作为主要收入来源。

劳动关系对劳动者、企业(雇主)和整个社会有着深刻影响。对劳动者来说,工作条件、工作性质、薪酬福利待遇将决定他们的生活水平、个人发展的机会、个人的尊严、自我认同感和身心健康。对于企业来说,员工的工作绩效、忠诚度、工资福利水平都是影响生产效率、劳动力成本、生产质量的重要因素,甚至还会最终影响企业的生存和发展。对整个社会而言,劳动关系还会影响经济增长、社会财富和社会收入的总量和分配,并进一步影响全体社会成员的生活质量。因而,研究劳动关系具有重要的理论和现实意义。

劳动关系是在就业组织中由雇佣行为而产生的关系,是组织管理的一个特定领域,它以研究与雇佣行为管理有关的问题为核心内容。劳动关系的基本含义是指管理方与劳动者个人及团体之间产生的,由双方利益引起的,表现为合作、冲突力量和权利关系的总和。它受一定社会经济、技术、政策、法律制度和社会文化背景的影响。

二、劳动关系的主体

从狭义上讲，劳动关系的主体包括两方，一方是员工及以工会为主要形式的员工团体，另一方是管理方以及雇主协会组织，二者共同构成了劳动关系的主体。从广义上讲，劳动关系的主体还包括政府。在劳动关系的发展过程中，政府通过立法介入和影响劳动关系，调整、监督和干预作用不断增强，因而政府也是广义的劳动关系的主体。

三、劳动关系的表现形式

劳动关系既是经济关系，又是社会关系。劳动者以其符合管理方需要的工作能力从事劳动，获得报酬。同时，劳动力作为一种特殊商品，具有人身和社会属性，在获取经济利益的同时，还要从工作中获得作为人所拥有的体面尊严和满足。双方由于经济目标而结合，是由处于一定社会环境下的心态、期望、人际关系、行为特征等各异的个体和人群组成的社会体系。劳动关系的本质是双方合作、冲突、力量和权利的相互交织。在劳动关系中，双方存在潜在的力量和权利较量、合作与冲突。因此，力量、权利、合作与冲突共同构成了劳动关系的表现形式。

（一）合作

合作是指在就业组织中，双方共同生产产品和服务，并在很大程度上遵守一套既定制度和规则的行为。这些制度和规则是经过双方协商一致，以正式的集体协议或劳动合同的形式，甚至是以一种非正式的心理契约形式，规定双方的权利和义务。协议内容非常广泛，涵盖双方的行为规范、员工的薪酬福利体系、对员工的努力程度的预期、对各种违反规定行为的惩罚，以及有关争议的解决、违纪处理和晋升提拔等的程序性规定。

（二）冲突

劳动关系双方的利益、目标和期望不可能完全一致。对于员工及工会来说，冲突的形式主要有罢工、旷工、怠工等，辞职有时也被当作一种冲突形式。对用人方而言，冲突的形式主要有惩处或解雇不服从领导的员工。

（三）力量

力量是影响劳动关系结果的能力，是相互冲突的利益、目标和期望以何种形式表现的决定因素。力量分为劳动力市场的力量和双方对比关系的力量。劳动关系双方都具有这两种力量，双方选择合作还是冲突取决于双方力量的对比。

1. 员工的力量

员工的劳动力市场力量，反映劳动力的相对稀缺程度，是由劳动者在劳动力市场供求中的稀缺性决定的。一般而言，劳动者的技能越高，其市场力量就越强。员工的关系力量是指劳动者进入就业组织后，所具有的能够影响雇主行为的程度。

关系力量有很多种，尤以退出、罢工、岗位三种力量最为重要。退出即劳动者辞职，它会给雇主增加额外的成本，如招聘和培训顶替辞职员工的费用。罢工即劳动者停止工作，它也会给雇主造成一定的经济损失。岗位是指劳动者仍旧在工作岗位上，但由于主观故意或疏忽也会给企业造成损失，如员工缺勤率上升、产品残次程度增加、生产成本增加等。员工的不良行为能够导致雇主的损失，所以员工就具有关系力量。劳动力市场的力量显示了员工个人获得一份好工作的能力，而关系力量则显示了员工在雇佣关系中可享受的待遇。例如，在核电厂工作的员工的关系力量就比较强。因为在核电厂，员工替代需要管理方付出较高的培训费用；巨额投资使罢工给雇主带来的损失更加严重，一个或少数员工的偷懒都可能产生灾难性的后果。相反，在只需要低技术水平的服装加工厂，员工的关系力量就会较弱。因为这类员工几乎无须培训，他们罢工时的工作也很容易被其他人顶替，而偷懒和怠工对企业的影响相对也不那么重要。

2. 管理方的力量

管理方也具有一定的劳动力市场力量和关系力量。管理方的劳动力市场力量是指在劳动力市场上，管理方对寻找工作的人的需求，它反映该工作的相对稀缺程度。例如，在劳动力市场上的某个阶段，对护士这一职业供不应求，那么此时对于某一医院而言，其劳动力市场的力量就要弱一些。反之，如果秘书职业供大于求，对于招聘秘书的公司来说，其劳动力市场的力量就要强一些。

管理方的关系力量是指一旦员工处于这种雇佣关系之中，管理方所能控制员工表现的程度。与员工的三大关系力量相对应，管理方也具有退出停工和岗位的力量。管理方的岗位力量体现在：它具有指挥、安排员工工作的权利，如可以根据其个人的好恶来安排员工工作，使员工受到影响。而员工退出、罢工或辞职，或采取任何其他针对管理方的抵制活动，对管理方无论是否能起到作用，对员工而言都会造成损失。例如，员工会迫于保证金被没收的压力而减少其退出、罢工的可能，管理方控制员工的能力就强一些。管理方和员工具有各自的力量，双方的力量不是一成不变的，而是随着其他因素的影响消长变化。

（四）权利

权利一般指他人作决策的能力。在劳动关系中，权利往往集中在管理方，拥有权利的管理方在劳动关系中处于主导优势地位。管理方的权利包括：① 对员工指挥和安排的权利，这是最为重要的管理方权利；② 影响员工行为和表现的各种方式，管理方行使这一权利，比较重要的途径是通过提供大量的资源，增加员工的认同感和工作绩效；③ 其他相当广泛的决策内容，包括产品的研发设计、对工厂和设备的投资、制订预算，以及其他与组织的生存和发展、与就业岗位有关的决策等。

由于这种向管理方倾斜的权利的存在，管理方在劳动关系中处于优势地位。但这种优势地位并不是绝对的，在某些时间和场合会发生逆转。同样，这种优势地位也不是无可非议的，当员工认为这些权利不是法律赋予的，或与工人遵守的基本准则不一致，或者无法理解、不公平时，员工就会采取辞职、罢工或怠工等行为。通常，管理方为保证其优势权利，会采取恩威并施的办法。同时，这种权利在多数国家也在一定程度上受到法律的保护。

第二节　劳动关系纠纷与争议处理

企业薪酬管理存在的问题和应对措施是劳动关系纠纷中必须厘清的问题，本节在分析企业薪酬管理问题和应对措施的基础上，对劳动关系实践中的劳动争议处理进行详细的分析。

一、当前企业薪酬管理存在的问题

（一）薪酬管理与企业的发展规划分离

在薪酬管理的过程中必须加入企业经营方针，以及人力资源管理中对薪酬管理的导向性建议，否则企业薪酬计划的实施就会出现一定的偏差。对于企业来讲，不同的企业战略定位会直接影响企业的薪酬定位，但是就我国目前的薪酬制度来讲，大多数的企业在薪酬管理方面都采用统一的标准，这在一定程度上出现了与企业发展战略相分离的情况。对于一个已经发展成熟的企业来讲，其经营的方针以及未来的战略规划都会与其成长期呈现一定的不同，所以其薪酬制度也应该出现一定的变化，但是大多数的企业并没有因为发展阶段以及战略规划的变化而对薪酬制度进行调整。还有一些企业将股东们的长期利益作为其发展的战略规划，但是在实际的经营过程中却侧重于对企业短期业绩增长的奖励，这就导致企业的战略发展与企业的薪酬制度出现了偏差。

（二）企业内部存在不公平现象，在市场竞争中缺乏竞争力

改革开放以后，很多行业都开始实行工作岗位聘用制、责任制、承包制

等用人方式，其主要的改革目的就是想将企业的员工收入与企业的经营业绩联系在一起，但是却没有制订公平合理的考核评价体系，即使企业尽量做到将员工的薪酬与企业的效益挂钩，但企业员工的工作效率也没有得到很大的提升。这在极大程度上对业绩管理体系功能的发挥造成了一定的影响，同时也对企业自身的业绩造成了一定的影响。此外，企业的薪酬管理体系缺少业绩管理的支撑，在企业内部并不能做到对薪酬公平、公正的分配。对于企业中的重要人才来讲，他们对企业的发展具有极为重要的作用，如果企业的薪酬体系不能体现对这部分人才的重视，那么这个企业所制定的薪酬管理体系就是不成功的，如果长时间得不到改善就会给企业造成更大的损失。

（三）薪酬管理不具备透明性

不具备透明性的薪酬管理体制有相当大的弊端，会造成企业员工之间对于薪酬的互相猜疑，员工常常会感觉某某的工作还没有我干得好，为什么薪酬比我高，其实这个薪酬的高低别人并不知道，只不过是通过猜疑所得出的结论，这就造成不满情绪的非正常出现，对企业的人力资源管理造成巨大的压力。因此，企业需要适当增强自身薪酬管理的透明度，让员工参与薪酬管理体系，尽量让员工为薪酬管理体系的制订提出方案，这样可以对企业的发展起推动作用。

（四）薪酬体系缺乏激励性

部分企业对薪酬的功能理解常过于偏颇，只注意薪酬的保健功能，却忽视了薪酬的激励功能。而奖金在一定程度上已经失去了奖励的意义，变成了固定的附加工资，工资制度缺乏应有的激励。在传统的薪资制度中，定人定岗、定岗定薪已成为一个不成文的规定，要想突破以前的工资级别，只有提级。在一个固定的岗位上，员工干得再好，也不能得到大幅度加薪，唯一奖励只能以奖金的形式体现。在这种薪资制度下，员工所受的激励就是不遗余力地"往上爬"。这在一定程度上造成了员工之间不公平竞争的局面，不利于增加企业的凝聚力，也就不利于企业的长远健康发展。

二、当前企业薪酬管理应对措施

（一）贯彻相对公平原则

美国行为科学家斯塔西·亚当斯的公平理论中提到内部一致性原则，它强调企业在设计薪酬时要一碗水端平。内部一致性原则包含三个方面。一是横向公平，即企业所有员工之间的薪酬标准、尺度应该是一致的；二是纵向公平，即企业设计薪酬时必须考虑历史的延续性，一个个过去的投入产出比和现在乃至将来都应该基本一致，而且还应该是有所增长的。这里涉及一个工资刚性问题，即一个企业发给员工的工资水平在正常情况下只能看涨，不能看跌，否则会引起员工很大的不满。三是外部公平，即企业的薪酬设计与同行业的同类人才相比应具有一致性。

（二）建立合理的薪酬管理制度

建立完善的、合理的薪酬管理制度，有利于企业各部门和岗位分清职责和权限，各种制度有章可循。企业应做到奖惩分明，制订公开透明的业绩评价制度，对员工的工作评价要科学合理，由此建立起来的薪酬管理制度才能让员工信服，才能提升员工的工作积极性。

三、劳动争议处理

（一）劳动争议的概念

劳动争议就是劳动纠纷，是指劳动关系的当事人之间因执行劳动法律、法规和履行劳动合同而发生的纠纷，即劳动者与所在单位之间因劳动关系中的权利义务而发生的纠纷。劳动纠纷是劳动关系不协调的反映，只有妥善、合法、公正、及时处理劳动争议，才能维护劳动关系双方当事人的合法权益。

（二）劳动争议的种类

从世界范围看，劳动争议一般分为两类：一类是个别争议，是指劳动者个人与用人单位之间的争议。另一类争议是因为制订或变更劳动条件而产生的争议，这类争议通常有很多劳动者共同参与，因此又叫集体争议。

（三）劳动争议处理的基本原则

1. 着重调解、及时处理原则

调解是处理劳动争议的基本手段，贯穿劳动争议处理的全过程。企业劳动争议调解委员会处理劳动争议的工作程序全部是进行调解。仲裁委员会和人民法院处理劳动争议，应当先行调解，在裁决和判决前还要为当事人提供一次调解解决争议的机会。调解应在当事人自愿的基础上进行，不得有丝毫的勉强或强制。

调解应当依法进行，包括依照实体法和程序法，调解不是无原则的"和稀泥"。同时，对劳动争议的处理要及时。企业劳动争议调解委员会对案件调解不成，应在规定的期限及时结案，避免当事人丧失申请仲裁的权利；劳动争议仲裁委员会对案件先行调解不成，应及时裁决；人民法院在调解不成时，应及时判决。

2. 在查清事实的基础上依法处理原则

相关人员要正确处理调查取证与举证责任的关系。调查取证是劳动争议处理机构的权利和责任，举证是当事人应尽的义务和责任，两者有机结合，才能达到查清事实的目的。处理劳动争议既要依实体法，又要依程序法，而且要掌握好依法的顺序，按照"大法优于小法，后法优于先法"的顺序处理。处理劳动争议既要有原则性，又要有灵活性，坚持原则性与灵活性相结合。

3. 当事人在适用法律上一律平等原则

劳动争议当事人双方法律地位平等，具有平等的权利和义务，任何一方当事人不得有超越法律规定的特权。当事人双方在适用法律上一律平等，相关人员在处理劳动争议时应一视同仁，对任何一方都不偏袒、不歧视，对被侵权或受害的任何一方都予以保护。

（四）劳动争议处理方法

用人单位与劳动者发生劳动争议，当事人可以依法申请调解、仲裁、提起诉讼，也可以协商解决。以下重点介绍调解和仲裁这两种常见的劳动争议处理方法。

1. 调解

企业可以设立劳动争议调解委员会，负责调解本企业的劳动争议。企业劳动争议调解委员会可以调解企业与员工之间发生的下列劳动争议：① 因除名、辞退和辞职、离职发生的争议。② 因劳动报酬、工伤医疗费、经济补偿或者赔偿金等发生的争议。③ 因订立、履行、变更、解除和终止劳动合同发生的争议。④ 因确认劳动关系发生的争议。⑤ 因工作时间、休息休假、社会保险、福利、培训以及劳动保护发生的争议。⑥ 法律、法规规定的其他劳动争议。

企业劳动争议调解委员会由员工代表、企业代表和企业工会代表等三部分人员组成。其中，员工代表由职工代表大会推举产生，企业代表由企业行政领导指定，企业工会代表由企业工会指定，劳动争议调解委员会主任由工会代表担任。劳动争议经调解达成协议的，当事人应当履行。

企业劳动争议的处理应按规定的程序进行。首先，由劳动争议当事人口头或书面提出调解申请。申请必须在知道或应当知道其权利被侵害之日起30日内提出，并填写《劳动争议调解申请书》。调解委员会接到申请书后，应立即进行研究，审核该事由是否属于劳动争议，是否属于调解委员会的调解范围，调解请求与事实根据是否明确。审核研究后，无论是否受理，都应尽快通知提出调解申请的劳动争议当事人。调解委员会受理调解申请后，必须着手进行事实调查。调解必须在查清事实、分清是非、明确责任的基础上进行。只有查清争议事项的原委，才能分清是非、明确责任，并依此进行调解。

事实调查的主要内容包括劳动争议产生的原因、发展经过和争议问题的焦点；劳动争议所引起的后果；劳动争议的当事人双方各有什么意见和要求；劳动争议所涉及的有关人员及争议有关的其他情况；企业员工对争议的看法等。经过一定的调查准备后，劳动争议调解委员会以会议的形式实施调解。调解会议由调解委员会主任主持，有关单位和个人可以参加调解会议，协助调解。会议首先听取当事人双方对争议案件的陈述，然后调解委员会依据查明的事实，在分清是非的基础上，依据有关法律法规，公正地将调解意见予以公布，并听取当事人双方对调解委员会所公布的案件调查情况和调解意见的看法。在此基础上进行协商，当事人双方经协商达成一致意见，可以达成调解协议。企业调解委员会调解劳动争议未达成调解协议的，当事人可以自劳动争议发生之日起

60日内，向仲裁委员会提出仲裁申请。无论是否达成协议，都可以由调解委员会指定一至两名调解委员进行调解。

2. 仲裁

劳动争议仲裁制度，是指以第三者身份出现的劳动争议仲裁委员会，根据劳动争议当事人的申请，依法对劳动争议做出裁决，从而解决劳动争议的一种制度。

劳动争议仲裁机关是各县、市、市辖区所设立的劳动争议仲裁委员会。一般来说，劳动争议仲裁程序主要分为如下四个阶段。

第一，提出仲裁申请。由劳动争议当事人向劳动争议仲裁机关提出申请，要求依法裁决，维护自己的权益。当事人提出仲裁申请，必须符合下列条件：① 申诉必须在规定的时效以内。根据相关规定，提出仲裁要求的一方应当自劳动争议发生之日起1年内向劳动争议仲裁委员会提出书面申请。② 申诉人必须与该劳动争议有直接利害关系。③ 申诉人必须有明确的被诉人，以及具体的申诉请求和事实依据。④ 申诉的案件必须在受理申诉的劳动争议仲裁委员会的管辖范围之内。

第二，仲裁机关审查。劳动争议仲裁机关在收到当事人申请仲裁的书面申请材料后，必须进行认真的审查，符合条件的劳动争议案件，仲裁机关在收到申诉书后7日内，应做出决定立案审理。

第三，立案调查取证。仲裁委员会立案受理劳动争议后，应按《中华人民共和国劳动法》及有关条例规定，组成仲裁庭，仲裁庭由三名仲裁员组成。组成仲裁庭之后，仲裁庭成员应认真审查申诉答辩材料，调查收集证据，查明争议事实。调查取证是仲裁活动的重要阶段，是弄清事实真相、明确案件性质、正确处理争议案件的前提和基础。调查主要是为了查清争议的时间、地点、原因、经过、双方争议的焦点、证据和证据的来源等。

第四，开庭审理。在调查取证的基础上开庭审理。仲裁庭处理劳动争议，首先应当进行调解，促使当事人双方自愿达成协议。经调解达成协议的，仲裁庭制成仲裁调解书，送达双方。一经送达，调解书即具有法律效力。若不能达成调解协议，则进行仲裁庭辩论。当事人按申诉人、被申诉人的顺序，围绕争议进行辩论，仲裁员应将辩论焦点集中在需要澄清的问题和应该核实的问题上。

为了进一步查明当事人双方的申诉请求和争议事项，还必须进行仲裁庭调查。由证人出庭作证，仲裁机关出示证据等。仲裁庭最后应根据调查结果和有关法律、法规及时作出裁决。

仲裁裁决一般应在收到仲裁申请的60日内做出。对仲裁裁决无异议的，当事人必须履行。劳动争议当事人对仲裁裁决不服的，可以自收到裁决书之日起15日以内向人民法院提起诉讼。期满不起诉的，裁决书即产生法律效力。一方当事人在法定期限内不起诉又不履行仲裁裁决的，另一方当事人可以申请人民法院强制执行。

仲裁庭处理劳动争议，应从组成仲裁庭之日起60日内结案。案情复杂，需要延期的，报仲裁委员会批准后可以适当延长，但不得超过30日。

参考文献

[1] 蔡依轩.中小企业薪酬设计与管理实务[M].长春：吉林人民出版社，2021.

[2] 陈慧仙.基于人力资源管理视角的企业员工培训管理研究[M].北京：北京工业大学出版社，2018.

[3] 陈岳堂，高涵.绩效管理[M].长春：东北师范大学出版社，2018.

[4] 邓雅.企业人力资源选拔与招聘的研究[D].武汉：华中科技大学，2014.

[5] 方雯.工作分析与职位评价[M].西安：西安电子科技大学出版社，2017.

[6] 黄建春.人力资源管理概论[M].重庆：重庆大学出版社，2020.

[7] 蒋俊凯，李景刚，张同乐，等.现代高绩效人力资源管理研究[M].北京：中国商务出版社，2019.

[8] 金艳青.人力资源管理与服务研究[M].长春：吉林人民出版社，2021.

[9] 李晓非，尹洁林.企业劳动关系管理实务[M].北京：知识产权出版社，2021.

[10] 刘国永，李文思，王萌.全面实施预算绩效管理专业基础[M].镇江：江苏大学出版社，2019.

[11] 马矗.基于平衡计分卡的R公司绩效管理优化研究[D].石家庄：河北地质大学，2022.

[12] 孟泉.劳动关系经典理论研究[M].北京：中国工人出版社，2021.

[13] 欧阳远晃，王子涵，熊晶远.现代人力资源管理[M].长沙：湖南师范大学出版社，2018.

[14] 潘丛丛.如何做好人力资源培训与开发[J].中国中小企业，2022（2）：205-206.

[15] 祁雄，刘雪飞，肖东，等.人力资源管理实务[M].北京：北京理工大学出版社，

2019.

[16] 宋玉. 现代人力资源培训与评估研究 [M]. 长春：吉林人民出版社，2022.

[17] 孙钦元. 浅析基于胜任力模型的人力资源招聘管理 [J]. 活力，2022（9）：133-135.

[18] 王凌峰. 薪酬管理 [M]. 武汉：武汉理工大学出版社，2019.

[19] 赵继新，魏秀丽，郑强国. 人力资源管理 [M]. 北京：北京交通大学出版社，2020.

[20] 赵晓红，臧钧菁，刘志韧. 行政管理与人力资源发展研究 [M]. 长春：吉林人民出版社，2021.

[21] 周野作. 手把手教你做薪酬管理 [M]. 天津：天津科学技术出版社，2021.

[22] 周颖. 战略视角下的人力资源管理研究 [M]. 长春：吉林大学出版社，2019.